THE SHORTEST HISTORY OF THE SOVIET UNION

シェイラ・フィッツパトリック
SHEILA FITZPATRICK
著

ソ連の歴史

監訳
池田嘉郎
Yoshiro Ikeda

訳
真壁広道

人文書院

THE SHORTEST HISTORY OF THE SOVIET UNION
by SHEILA FITZPATRICK

This edition is published by arrangement with Black Inc. through Tuttle-Mori Agency,Inc.

本書の執筆中に亡くなった、私のアメリカ時代の三人のソヴィエト学者を偲んで
ジェリー・F・ハフ（1935-2020）
スティーヴン・F・コーエン（1938-2020）
セウェリン・バイアラー（1926-2020）
そして、モスクワの恩師であり、私がソ連史のブラックコメディを学んだオールド・ボリシェヴィキの
イーゴリ・アレクサンドロヴィチ・サッツ（1903-1980）へ。

目次

序章

一九八〇年はソ連にとって良い年のはずだった。ようやく建国から五十八年が経過し、退屈であっても安定したレオニード・ブレジネフの指導のもとで十六年目に入り、最悪のことは過ぎ去ったと感じて気を緩めることができた。国内を見ると、正常な状態が実現し、さらに良い時代が始まるにちがいないと思えた。世界を見ると、第二次世界大戦後に超大国の一つとなり、もちろん今のところアメリカ合衆国に次ぐナンバー2なのだが、ようやく軍事的に拮抗するところまで来ていた。

平坦ではない道のりだった――初めに革命と内戦、一九二一年に飢餓があり、一九二四年に革命の指導者レーニンがあまりに早い死を迎えた。そのあと新たな激変があった。レーニンの後継者ヨシフ・スターリンが一九二〇年代末に工業化と農業の集団化に無理やり急いで着手し、一九三二年から一九三三年にかけて飢餓を招くことになった。そのあと、一九三七年から一九三八年にかけて、異常なほどの流血を伴う大粛清が行われ、共産党エリートが特に厳しい痛手を受けた。その直後に第二次世界大戦が始まり、かつて除け者の国だったソ連が西側の同盟国になった。ようやく勝利を得て戦争が終わると、西側との冷戦という流れのなかで、ソ連は突然思いもかけず超大国の地位に駆け上がった。一九五三年の

レーニンの大義、勝つ。足下にいる敗れた敵。A・レメシェンコとI・セミョーノワによる風刺画、1980年

スターリンの死後、ニキータ・フルシチョフがトップに立って「無謀な計画」を追い求めた。フルシチョフは一九六一年のキューバ・ミサイル危機であわや再び戦争を始めるところまで国民を追い込み、一九六四年に失脚した。

そのあと、ようやくレオニード・ブレジネフが舵を握った。鈍感だが愛想のいいブレジネフは、船を難破させることなく穏やかな海に導いた。ブレジネフにはソ連市民の願いはアメリカ合衆国や西欧に近い生活様式にあるということがわかっていた。ブレジネフの務めは、思いがけないボーナスをもらったことによってさらに容易になった。一九八〇年の時点で、世界の石油価格（この数十年間にソ連は大生産国かつ輸出国となっていた）が一九七〇年代半ばから二倍になり、価格の高騰が常態化したのだ。

一九八〇年までにソ連は完全な共産主義に至るとフルシチョフは軽率な約束をした。フルシチョフと比べると慎重なブレジネフは、この約束を棚上げにして、かわりに「発展した社会主義」を打ち出した。実際にはこれは、すでにソ連に存在する経済政治制度のことを意味する鎮痛剤的な定式であった。だが、ソ連市民の多数はこれに満足した。彼らは自分自身のための消費財がもっと欲しかったのであり、共産主義モデルのもとで供給されるであろう共有材ではなかった。ポスト革命時代が来ていたのであり、革命は確実に歴史に追いやられていた。革命のため戦った世代はすでに鬼籍に入るか、年金生活者になっていたし、スターリンのもとで革命の恩恵を受けて出世した世代群（ブレジネフを含め）でさえも引退が迫っていた。後年のブレジネフ自身の価値観は、彼の先人たちが支持したものよりも、革命家たちが「ブルジョア的」と呼んだもののほうに、より結びついていた（当時、ブレジネフの母親が、息子の西側高級車の個人コレクションのことを心配して「でもね、レーニャ、[訳注1]ボリシェヴィキが戻ってきたらどうするの？」と尋ねたという噂が広がっていた）。

生活水準は向上した。以前にあった切実な住宅不足は緩和された。反抗する恐れのある民族集団、社会集団は存在しなかった。ソ連で社会主義建設が成功したことを明言した一九七七年憲法は「人民の新しい歴史的共同体、ソヴィエト人民」が存在するようになったと主張した。たしかに、ソ連は今なお問題を抱えていた。鈍化する経済成長、改革への願いもそのための能力もほとんど示さない手に余る官僚機構、ソ連の後見に対し東ヨーロッパで起こる周期的な不満の爆発、アメリカ合衆国と「デタント」とに付きまとう苦労。さらにソ連国内でも、広い住民にはあまり支持されていないものの西側ジャーナリストと密接に結びついた小規模な「異論派」運動の出現。一九七九年十二月二十四日にソ連軍がアフガニスタンに侵攻したあとには、国際ボイコット運動が起こって、八〇年七月にモスクワで誇らしく開催された夏季オリンピックに泥を塗った。

冷戦のあいだ、西側は共産主義を西洋民主主義のアンチテーゼとしてナチズムと同等にとらえ、ソ連から全体主義の恐ろしいイメージをつくり出した。この理論が信条とするところの一つは、いったんで

（訳注1）ブレジネフの名前であるレオニードの愛称形。

きあがった全体主義体制は変わることがなく、外部の力によってしか倒せないとするものだった。だが、こうした発想は、スターリンの死後に体制が崩壊しなかっただけでなく、大胆な変革能力をもつことを示したので、よりもっともらしさを失ったようにみえた。一九八〇年までに、「全体主義」は西側の一般の人々の感情には強く訴えるイメージであり続けたが、研究者の心には訴えなくなった。「全体主義」論に挑戦した人々のうちには、アメリカの政治学者スティーヴン・F・コーエンとジェリー・ハフがいた。保守派の人々でさえも、六十年以上温めてきたソヴィエト体制の崩壊が差し迫っているとする希望をひっそり諦めるようになった。

　ロバート・バーンズはアメリカのソヴィエト学者の主流派の会議の総意を要約し「ソ連が政治的民主主義国家となる、あるいは近い将来崩壊する（強調は著者）どんな可能性もないということにわれわれ全員が合意する」と書いた。政治学者セウェリン・バイアラーが一九八〇年に発表したアメリカ合衆国のソ連研究の重要なテキストは、体制が変わるというむなしい希望を捨て、ソ連が現に存在していることをアメリカは受け入れるべきときだと論じた。同じ精神で、ワシントンDCにあるアメリカ議会図書館は——亡命者と冷戦の圧力に応じ、何十年にもわたってソ連の存在を無視したあと——観念して図書館の図書目録にソ連という独自の項目を加えた。これは優れて合理的な動きであったし、事実上ソ連研究コミュニティーの全ての者が合意した通り、ずっと前にやるべきことであった。だが、実際には、図書館はこの面倒ごとにかかわらなくてもよかったのかもしれない。十年のうちに、目録にとるべきソ連はなくなるということになったのだから。

小史（一九二四年から一九九一年）

ちょうど十月革命五十周年の直前、私は大学院生として最初にソ連に出会ったのだが、その百周年の誕生日となるはずのときに、ソ連の追悼文を書く学者の一人になるだろうとは予期していなかったに違いない。ソ連の寿命は満七十年に及ばなかった――ソヴィエト時代の終わりに生まれた市民の平均寿命（六十七歳）よりわずかに長いだけだった。これはソ連の初めに生まれた人々の平均寿命の約二倍であった。

歴史学者の叙述は、その本来の性質上、出来事を不可避として描く傾向がある。上手に説明すればするほど、読者はほかの結果はあり得なかったであろうと考えるようになる。だが、本書で私が言いたいのは違う。私は、歴史を構成する一人一人の人生と同じように、人間の歴史にも不可避なことはわずかしかないと考える。偶然の出会いや地球規模の大変動、死、離婚、パンデミックがなかったならば、物事はまったく違ったものになるのが常である。ソ連の場合には、たしかにわれわれが扱うのは、マルクスに従って、自分たちは歴史を理解しているし、いかなる所与の歴史段階においても、おおまかには何を予期すべきか知っているのだと考えている革命家たちである。「偶然に」（スルチャイノ）と「自然発生的に」（スチヒーノ）という言葉は、ソヴィエト的用法では常に軽蔑語で、「計画」において起こることが想定されていない事態を示す。それらはソヴィエト的語彙のなかで最もありふれた言葉でもあった。自然と経済環境を人間の計画化に従属させるとする概念に身を捧げた、この同じマルクス主義の革命家たちが、一九一七年十月に権力の座についたのであったが、これは彼ら自身にも驚きであったし、状況に関する彼らの理論的な分析を無視して、ほとんど偶然に起こったのだった。

私がこれから話そうとするソ連史は皮肉に満ちているが、たしかにそれは部分的には、マルクス主義のなかに普遍的な解読ツールをもっているという、革命家たちの確信の結果であった。それが彼らに教えたのは、たとえば、社会は各自の政治代表を持つ、敵対する階級に分かれていて、彼らの政党――初めはロシア社会民主労働党のボリシェヴィキ分派で、一九一八年からは共産党――はプロレタリアートを代表するということであった。これは状況によって、ときには正確であったし、ときにはそうではなかったが、いずれにしても次第に意味をなさなくなった。党が権力を握ったあと、じきに明らかになったことであるが、彼らを支持した労働者と農民に対する党の主要な機能は、社会的上昇の機会を提供することであった（マルクス主義理論では認識外のプロセスである）。

理論がボリシェヴィキに教えたところでは、多民族の新しいソ連国家は、国境線が実質上重なるとはいえ、多民族の旧ロシア帝国とはまったく別種の動物であったし、その中央が辺境に対して帝国主義的搾取を実践することなどは、そもそもの定義上において帝国主義が「資本主義の最高段階」であって社会主義にはまったく異質であるからには、ありえないことであった。このあと見るように、特に初めの何十年かは、これは一見そう見えるよりももっともな命題であった。他方において、辺境の非スラヴ地域の人々が、ソ連のモスクワに管理されることは帝政のサンクト・ペテルブルグに管理されるのと全く違うわけでもないと、時々感じていたであろうのはなぜかを理解するのは難しいことではない。

西側は何もうれしがらせのためにソヴィエト体制を「全体主義的」と見ていたわけではない。だが、実際のところ、ソ連の視点からすれば、ほとんどお世辞ととりうるようなものであった。それは、すべてを知っている指導者が科学と計画化の基礎のうえに堅固な路線を定め、最後のディテールにいたるまで全てが統御されているという、共産党の自己イメージの鏡像であった。数多くの「偶然的な」路線変更や中途での「自然発生的な」逸脱は、この基本的構想とは単に無関係であった、もっともそれが私の本書においては大きな役割を果たすのであるが。ソ連に生きた人々の暮らしにとっては、それはもちろん、無関係ではなかったのであり、公式のレトリックと生きた経験のあいだにあるギャップが、絶えず不遜な論評として水面下から泡立って出てくる、ソ連独自の政治ジョークのジャンル（アネクドート anekdoty）の材料であった。「原則において」（西側の「率直に言って」ということばと同じように、ソ連では直ちに不信感を引き起こす決まり文句）と「現実において」のあいだにある対照が、ソ連のアネクドートの主要な要素の一つであった。もう一つの主要な要素は、資本主義のような社会経済現象は、自身の対立物（資本主義の場合には社会主義）を内包すると考える、マルクス主義の弁証法の概念であった。外来語である弁証法（ディアレクチカ）は、ヘーゲルから取り入れた哲学概念であるが、「政治文献」講義が必修化されてどこでも教えられていたということは、明白な矛盾を説明しきるという弁証法の顕著な能力を、大半のソ連市民が身につけているということを意味した。ソ連の弁証法ジョークの精髄は、問答の形式をとる以下のものである。

（質問）資本主義と社会主義の違いは何か？
（答え）資本主義とは人間による人間の搾取であり、社会主義はそれが反対になることである。

資本主義は最終的に崩壊し社会主義が取って代わるというマルクス主義の予言（フルシチョフは無神経に「われわれは諸君を葬る！」と述べた）は、ロシアの歴史的な「後進性」と戦って、近代的で工業化し都

「60年経って今なお傷を残す」。赤軍記念日にE･グーロフが書いた風刺画のタイトル（1978年2月23日）。イギリスの貴族が、ロシア内戦にイギリスの介入が失敗に終わったことに今なお痛みを憶えていることを示す。

市化した社会をつくろうとしたソ連の共産主義者にとって耳心地のよい言葉であり続けた。彼らは一九八〇年代初めまでに多少なりともそうしたものをつくった。ソ連の力と地位は世界中で認められた。「ソヴィエト人」は、東ヨーロッパのソヴィエト・ブロックに近親者をもち、中国と北朝鮮にはより厄介な親族をもち、第三世界には崇敬者をもつ、はっきりと識別できる種となった。

そのあとで、近代史で最も派手で予想外の「アクシデント」の一つにおいて、崩壊したのはソ連「社会主義」のほうであって、それはロシア人が一九九〇年代の「野蛮な資本主義」と呼んだものに道を譲った。ロシア連邦を含む十五の新しい後継国家の連なりが、自由の光のまぶしさに目を細めながら歩みだした――ロシア人を含むすべてのものが、旧ソ連時代に自分たちは搾取の犠牲者であり続けたと大声で不満を述べたてながら。『社会主義とは何だったのか、そして次に来るのは何か?』というのが、アメリカの人類学者キャサリン・ヴァーダリーがポスト・ソヴィエト的局面についての論評につけた、うまい表題であったが、彼女は旧ソヴィエト・ブロックで突然不可知のものとなったのは、未来だけでなく過去もそうだという事実を指摘したのだった。

「次に来るのは何か?」とは、これまで慎重な歴史家が一人たりと答えようとしなかった問いである。「社会主義とは何だったのか?」についていえば、政治哲学者は規範的な文献を参照しながら取り組むこともできるだろうが、私は違う方針――歴史人類学者の方針――で臨むつもりである。社会主義が「原則において」どのような意味を持つにしても、一九八〇年代に「現存の社会主義」というぎこちない名前を得た何かが、ソ連に「現実において」出現したのだった。これはその、誕生から死に至るまでの歴史である。

第一章　連邦を創出する

ロシア革命はヨーロッパ中で革命を引き起こすはずだった。だが、その計画はうまくいかず、あとに残ったのはロシアの革命国家——モスクワを首都とするロシア・ソヴィエト連邦社会主義共和国（RSFSR）だけだった。だが、ロシア帝国の非ロシア地域にも激変が起こり、さまざまな結果を残すことになった。バルト諸県は独立を選んだ。ポーランド諸県は新たにつくられたポーランド国家に入る道を選んだ。だが、十月革命によって始まった内戦が終わるころにはほかの地域は、しばしば新革命国家の赤軍から若干の援助を得て、独自のソヴィエト共和国をつくった。

一九二二年十二月、ウクライナとベラルーシのソヴィエト共和国とザカフカース連邦がロシア・ソヴィエト共和国とともに、ソヴィエト社会主義共和国連邦をつくった。首都はモスクワだった（旧帝政時代の首都ペトログラードは第二の都市に甘んじることになろう）。国章は鎌と槌で、「万国のプロレタリアよ、団結せよ！」と、モットーが書かれていた（ロシア語、ウクライナ語、ベラルーシ語、ジョージア語、アルメニア語、アゼリ語で）。

新しい連邦の憲法は、各共和国に離脱権を付与していた。七十年近くのあいだ、この権利に訴える共和国はなかったが。一九二〇年代から一九三〇年代にかけて、中央アジアの五つの追加的な共和国（ウズベキスタン、トルクメニスタン、タジキスタン、カザフスタン、キルギスタン）がロシア・ソヴィエト連邦社会主義共和国から切り取られ、ザカフカース連邦はその構成部分であるジョージア、アルメニア、アゼルバイジャンの三つに分かれた。一九四〇年には、三つのバルト諸国（ラトヴィア、リトアニア、エストニア）とモルダヴィアが一九三九年の独ソ不可侵条約の秘密条項の結果ソ連に編入され、連邦を構成する共和国は総計十五か国となった。

領土をわずかに減らしたものの、ソ連は明らかにロシア帝国の後継国家だった。そのことが、ソ連もまた帝国であった――民族共和国の形式をとった一連の国内植民地をロシア人が統治しているという――ことを意味するのかどうかは、議論されてきた。ボリシェヴィキ体制に敵対的でその崩壊を望む西側列強は、ソ連を帝国であり、しかも正当性のない帝国であると考えた。しかしながら、ボリシェヴィキはまったく違うかたちで彼らの連邦をとらえていた。党の指導者の多くはロシア人ですらなく、ラトヴィア人、ポーランド人、ジョージア人、アルメニア人、ユダヤ人といった、旧ロシア帝国で抑圧された少数民族の一つに属していた。彼らはロシア帝国主義の公然とした敵だった。ロシア帝国末期の歳月において、非ロシア人に対して強まる差別に憤慨しながら大人になった人々だった。彼らはソ連内外での自分の役割は旧植民地臣民を、特にアジア（十九世紀にロシア帝国が征服した中央アジアの領域を含めて）において、解放することだと考えた。一九二〇年代には「ロシアの排他的愛国主義は最大の危険」という言葉が金科玉条となっており、その意味はソ連内の諸民族主義のなかでいちばんたちが悪いのはロシア民族主義だということであった。

ボリシェヴィキは、民族主義は虚偽意識であるとするマルクス主義的国際主義を信奉していた。それにもかかわらず、ボリシェヴィキは民族主義が大衆の心に訴え、民族主義を打ち消そうとする試みに対し増幅する傾向があると認めていた。ボリシェヴィキはそうした過ちを犯す気はなかった。彼らの戦略は非ロシア人の民族主義を奨励することだった。その手段としては、行政機関で地元民族の言語を用い、民族文化を扶助するだけでなく、共和国レベル（たとえばウクライナ）から村ソヴィエト（ウクライナ共和国の内部には、ユダヤ人、ベラルーシ人、ロシア人、ラトヴィア人、ギリシア人など一連の「自治区域」があった）にいたるまで、個別の地域行政単位をつくった。ソヴィエト統治の逆説の一つは、その行政構造が民族アイデンティティを保護するだけでなく、民族アイデンティティを創出するのを助けたということであった。

後進性という問題

ボリシェヴィキは徹底して近代主義、合理主義の立場を取った。国家主導の工業発展のかたちをとる近代化がボリシェヴィキの核心をなすプログラムであり、彼らが社会主義という言葉で意味するものの大部分を占めた。ボリシェヴィキは西側と比べてのロシアの後進性を、克服すべき大きな課題であると考えた。だが、ボリシェヴィキの分析では、ロシアはそれ自身の内なる「東洋」――中央アジア――をも抱えており、インフラストラクチャーと産業への資本投下により、また読み書きを学ぶ学校とアファーマティヴ・アクション・プログラムにより、それを近代化、文明化すべきであった。ソ連全体にとって、近代化し伝統を廃棄することが短期的にも長期的にも重要課題だった。西側のグレゴリウス暦より十三日遅い帝政時代のユリウス暦が初期の犠牲となった（一九一八年に暦が変わると、「十月革命」は十

1900年ころのモスクワの赤の広場の様子。赤の広場の名前が共産党以前の時代からであることに注目せよ（「赤」は美しいという意味をもつ）。左が聖ワシーリー教会、右がクレムリン。

1900年ころのモスクワのルビャンカ広場。1926年にジェルジンスキー広場と改名された。

一月七日が記念日となった）。ボリシェヴィキが権力を掌握して数か月以内に、旧正書法の変更、一連の法的な足かせからの女性の解放、中絶の合法化、過失責任を問われない結婚解消、ロシア正教会の公的地位の剥奪（特に言語道断の迷信の宝庫だとみられていた）、身分制の廃止、これらすべてが導入された。

革命前のロシアはどの程度まで後進的であったのか？「後進性」とは、より先進的であるとして尊敬される何かとの比較を常に含意する、つかみどころのない概念である。ロシアの場合には、比較相手は西ヨーロッパだった。ロシアを後進性から脱却させて西側に引き入れるというのが、二世紀前のピョートル大帝のモットーだった。新首都サンクト・ペテルブルグを建設すること（できるだけヨーロッパの近くに）、強制的に大貴族の髭を剃ることも、ピョートル大帝の戦略のうちにはあった。ピョートル大帝の後継者たち――名高いのはエカチェリーナ大帝で、啓蒙主義哲学者ディドロおよびヴォルテールの文通相手であった――のもとで、ロシアは十分な成果を上げ、十九世紀初頭までに、ヨーロッパの大国と認められるようになった。ロシアの平原でナポレオン軍を破ったことでその名声は固まった。ロシアの領土は十九世紀中に拡大して、南方ではカフカースへと広がり、東方ではハンたちの統治する中央アジアの小主権国家を征圧した。だが、アレクサンドル二世の大改革の一環として、農民が農奴制から解放されたのはようやく一八六〇年代初めになってからのことだった。ロシアは産業革命にも遅れた。ロシア産業の離陸(訳注1)が起こったのは一八九〇年代だった。イギリスに半世紀遅れ、国家の資金提供（同時期の日本と同じく）と外国投資に大きく依存した。

一八九七年にロシアで初めて近代的人口調査を行ったとき、帝国人口は一億二千六百万人で、うち九

（訳注1）工業化の前提条件が成熟した後に起こる、急激で決定的な変化。

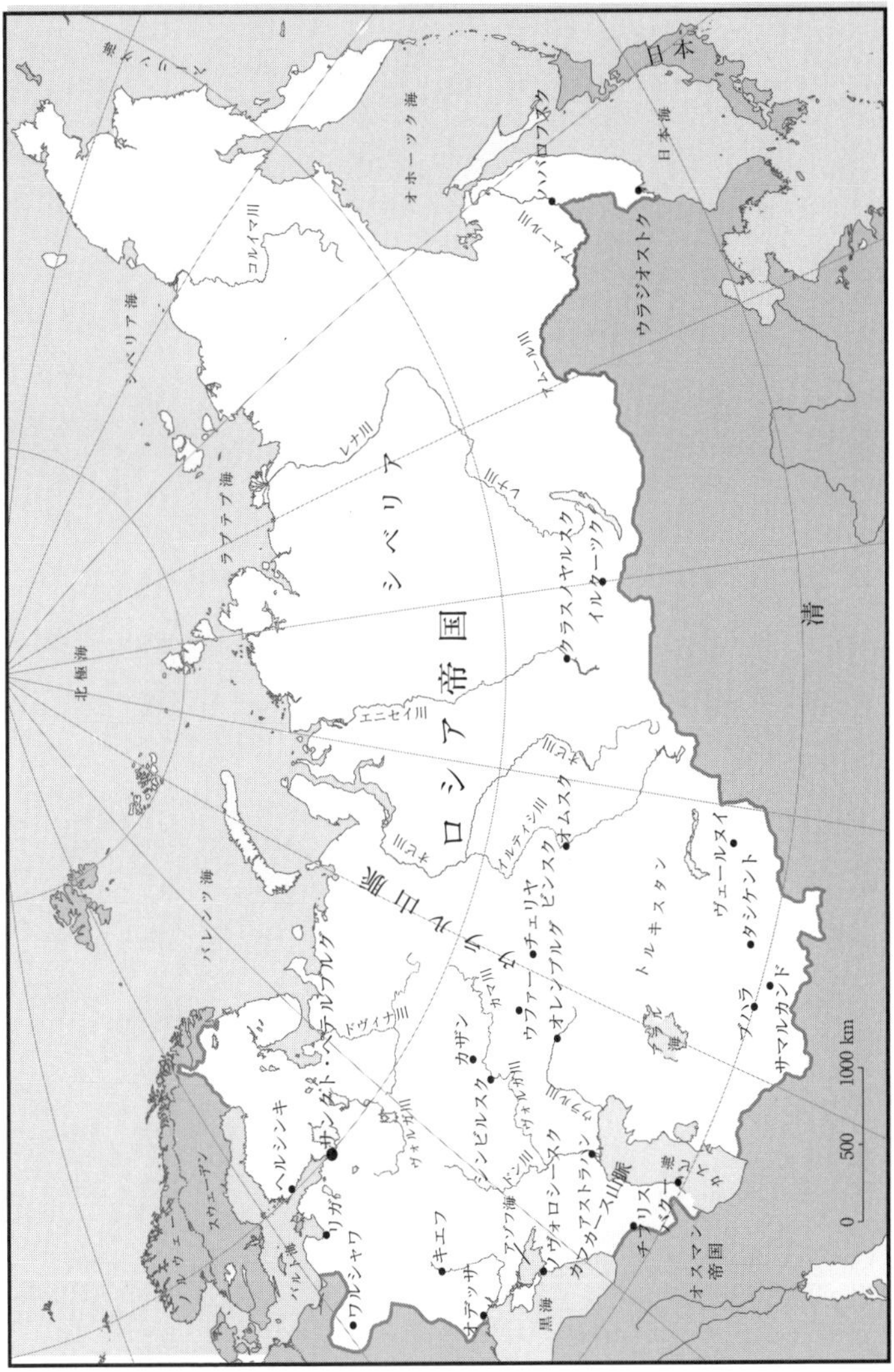
北極海
ベーリング海
シベリア海
ラプテフ海
バレンツ海
オホーツク海
日本海
日本
清
ロシア帝国
シベリア
トルキスタン
コルイマ川
レナ川
エニセイ川
オビ川
イルティシ川
アムール川
ドヴィナ川
ヴォルガ川
カマ川
ウラル山脈
ウラジオストク
ハバロフスク
イルクーツク
クラスノヤルスク
オムスク
チェリヤビンスク
ウファー
オレンブルグ
カザン
シンビルスク
サンクト・ペテルブルグ
ヘルシンキ
リガ
ワルシャワ
キエフ
オデッサ
ノヴォロシースク
アストラハン
チフリス
バクー
カスピ海
黒海
アゾフ海
バルト海
ノルウェー
スウェーデン
オスマン帝国
ブハラ
サマルカンド
タシケント
ヴェールヌイ
0
500
1000 km
帝政ロシアの地図

千二百万人がヨーロッパ・ロシア（現在のウクライナとポーランド東部を含めて）に住んでいた。残りは帝国のポーランド諸県とカフカースに分かれ、どちらも人口約九百万人で、そのあとシベリアと中央アジアが続いた。ヨーロッパ・ロシアの都市人口は一八六三年から一九一四年にかけて三倍になったが、都市化と工業化の度合いは西部国境から離れるほど急激に落ちた。帝国内で最も発展した地域はポーランド諸県だった。シベリアでは、人口の九二パーセントが農村に住んでいた。文字が読めるのは、帝国の十歳から五十九歳の年齢グループの人口の三分の一以下だったが、この数字は男女、都市部と農村部、若者と老人のあいだにある本質的な格差を隠していた。二十代では、男性の四五パーセントが文字を読めたが、女性はわずか一二パーセントだった。五十代では、男性で文字が読めるのは二六パーセントで、女性はたった一パーセントだった。

ワルシャワとリガ（革命後、ソ連が失うことになる）という高度に発展した都市に加え、ロシア帝国は現在のウクライナのドンバス地方に急成長する石炭業と冶金業を擁していた。その多くは外国所有で、労働力は主にロシアの村落から集まった。サンクト・ペテルブルグ、モスクワ、キエフ、ハリコフ、黒海沿岸の港湾都市オデッサでも工業化が進行していた。一方、バクー（アゼルバイジャンのカスピ海沿岸）は石油産業の大中心地になっていた。

行政上また人口調査の目的から、住民は今なお身分（ソスローヴィエ）――貴族、聖職者、町人、農民からなり、各自が独自の権利と皇帝に対する義務を有していた――に分けられていた。こうした身分制は西ヨーロッパではとうの昔になくなっており、西欧志向のロシアのインテリゲンチャは時代錯誤であると悩んでいた。農民は圧倒的に最大の身分で七七パーセント、町人とその他の都市諸身分はわずか一一パーセントだった。インテリゲンチャあるいは教育を受けた階層は、近代になってから現れた例外現象であり、身分制の枠組みにはあてはまらなかった。

　ロシアは多民族帝国だったが、民族概念は皇帝体制にはあまりに近代的であって、一八九七年の人口調査は信仰と生得言語についてのみ情報を集めた。「ロシア語」を用いると回答したのは帝国住民のうちの三分の二だったが、そのなかには今日われわれがウクライナ語およびベラルーシ語話者と呼ぶであろう人々も含まれていた。「大ロシア人」としてリストに挙がったのは四四パーセントだけだった。宗教については、約七〇パーセントがロシア正教（十七世紀に教会から分離した二百万人ほどの古儀式派を含む）、一一パーセントがイスラム教、九パーセントがローマカトリック、四パーセントがユダヤ教だった。

　西ヨーロッパ、特にイギリスでは、ロシアは暗愚な専制の代名詞となった。イギリスが寛大な亡命者受入政策をとっていたことから恩恵を得た亡命ロシア人革命家が、精力的に宣伝活動を行ったこともこの過程を助長した。帝政が反体制派をシベリア送りにしたことは「文明」世界ではよく知られ、冷戦時代のグラーグ〔強制収容所〕と同じように悪しざまに言われた。国土が大きく、大国としての地位があったにもかかわらず、皇帝権力が不安定な状態にあることは、一九〇五年に日本との戦争で屈辱的な敗北を喫したあと、領土の広い部分を覆い、鎮圧するのに一年以上を要した革命を切り抜けるのに精一杯であったときに、明らかとなった。一九〇五年の革命によってロシアの急進派は英雄伝説と、自然に発生した革命機関を手に入れた。これは民衆によって選出されたソヴィエト（文字通りには評議会のこと）といって、権力と立法権力を一手に統合していた。メンシェヴィキ派のマルクス主義者レフ・トロツキーは、ペテルブルグ・ソヴィエトのカリスマ的リーダーとして短期間のうちに名声を得たが、ボリシェヴィキの指導者ウラジーミル・レーニンは、トロツキーと同じく亡命先から戻ったものの、一九〇五年革命への参加は遅くになってからで、目立たない役割しか務めなかった。

革命家たちは待機する

ロシアで革命をしたいと思ったら、虐げられた農民に支持を求めるのが常道であるように思えたかもしれない。実際、一八六〇年代から七〇年代に急進派の世界で優勢を誇った最初の世代の革命家である、いわゆるナロードニキ（人民主義者）は、そのように考えたのだった。長い歴史の伝統を持つロシアの農民反乱を頭に置いたナロードニキは、農民のことを皇帝を打倒する潜在力をもつばかりか、無垢な道徳上の知恵を備えているとも考えた。だが、農民は農村に派遣されてきたナロードニキを軽んじ、自分たちと何の共通性もない都市エリートのメンバーであると考えた。一八八〇年代、革命運動のなかでマルクス主義が有力になっていく道を開いたのは、こうした拒絶に対する落胆だった。ドイツの社会主義思想家カール・マルクスとフリードリヒ・エンゲルスの弟子であるロシアのマルクス主義者は、資本主義は歴史的に社会主義に敗れる運命にあるから、革命の「必然性」は厳然としているという「科学的予言」を示した。資本主義の過程そのものから生まれる産業プロレタリアートが、歴史によって選ばれた革命のエージェントであって、農民は（少なくとも理論上は）無関係ということになった。革命に身を投じることは、以前は道徳的な理由により正当化されたのであったが、歴史的必然性（ドイツ語でゲゼッツメースィヒカイト、ロシア語でザコノメルノスチ〔いずれも法則性〕だが――英語圏には異質の概念である）の理解に根ざす、理性的選択に近いものとして再設定された。これらは選ばれた少数者のみが真に理解できる深遠な哲学であったのだが、ロシアの、そしてのちのソヴィエトのすべてのマルクス主義者はザコノメルノ〔法則に適って〕の意味を理解していた。それは事態が、原則において、想定通りに進んだときのことをいうのであった（現実においてしばしばあった、「偶然的」や「自然発生的」なあり方と異なって）。

ロシアのマルクス主義革命家は自分たちを産業労働者階級と重ね合わせて考えたが、当初、革命家の大半は貴族もしくはインテリゲンチャの子弟だった。十九世紀後半および二十世紀のほかの発展途上国のように、ロシアでいう高等教育は西欧化を意味した。それは副作用としてしばしば急進化をもたらした。一つ目の特徴（西欧化）は、地元民から理解されず溶け込めないこと、二つ目の特徴（急進化）は、地元民を導く使命感を抱くことを意味した。急進的な考えを抱いた教育あるロシア人は、「インテリゲンチャ」という言葉をもっぱら自分たちのために専有し、同じように教育を受けたが国家に勤務する人々を軽蔑し排除した（アレクサンドル二世の大改革は舞台裏で働く「啓蒙官僚」グループが入念に起草したという事実があったが、この判断には何ら影響を及ぼさなかった。徹底した革命と精神的再生が求められているときに、純然たる改革が何だというのか？）。政府（帝政の崩壊のあと明らかになったようにいかなる政府でも）を批判し、社会の良心として行動することが、インテリゲンチャが自分に与えた役割であり、このことは当然、帝政当局、とくに悪名高きオフラーナ、あるいは秘密警察との絶え間なき衝突を招いた。大半の者にとって、急進主義の政治は毎日の仕事というわけではなかった。だが、少数のものは、しばしば学生時代のうちに、専従の職業革命家になった。そしてすぐ逮捕され、刑期をくらい、ロシア国内に流刑になり、流刑地から逃げた（難しくはなかった）。親に経済的余裕があれば亡命した。全ての革命党派は、農民と労働者のどちらを社会的基盤として宣言するかによらず、革命的知識人によって率いられており、その大半はヨーロッパに亡命し、長い歳月を過ごした経験があった。

ウラジーミル・レーニンは一八七〇年、ヴォルガ河畔の町シンビルスク（一九二四年、レーニンの死後ウリヤノフスクと改名した。かなり驚くべきことに、今なおその名前である）でウラジーミル・ウリヤーノフと

1879年にスタジオで撮影したウリヤーノフ家のポートレート。ウラジーミルは前列右。学校に通っていた。兄アレクサンドルは中央に立っている（21歳でテロリストとして処刑されることになる）。

して生まれ、カザンで法学徒となり、同じ頃に急進化した。兄が皇帝暗殺の陰謀にかかわり処刑されたことが部分的にはその理由であろう。ウリヤーノフ家は今風の言い方をすると、専門職に従事する中流階級で（レーニンの父親は学校の視学官で、世襲貴族にまで出世した）、エスニシティでいうと、ドイツ人とユダヤ人もある程度混じっていたが、主にロシア人だった。レーニンは革命を胸に抱くようになって、サンクト・ペテルブルグの労働者階級解放闘争のためのマルクス主義同盟に入った。それにより、レーニンはロシア国内での行政的流刑というよくある懲罰を受けた。そのあと、レーニンは母親から資金を援助してもらい、ロシア国外に自発的に亡命した。彼はロンドン、パリ、ジュネーヴ、チューリヒ、ベルリンに集まる、ロシアとほかの東ヨーロッパの革命家からなる雑多なグループに加わった——みすぼらしい下宿屋、ほかの革命家たちと行う熱を帯びた重箱の隅をほじくるような議論、警察のスパイ、密通者、孤独、長時間図書館で過ごす日々に満ちた世界だった。

彼のマルクス主義革命家グループのなかで、レーニンと妻ナジェージダ・クループスカヤのようなエスニック・ロシア人は、ユダヤ人、ポーランド人、ラトヴィア人、ロシア帝国内のその他の少数民族の一員より、数の上では少なかった。彼らは十九世紀末からロシア帝国当局からますますいやがらせを受けるようになり、ロシア化政策の対象となった。レーニンは革命家の仲間うちでは周りに妥協しないことと、自分の小さな分派を支配しようと躍起になっていることで悪名高かった。その分派は、一九〇三年、レーニンが仕掛けた社会民主主義運動の分裂のあと、ボリシェヴィキとして知られることになった。「ボリシェヴィキ」という言葉はロシア語の「多数派」という言葉に由来する。一方、彼らの反対派はロシア語の「少数派」に由来する「メンシェヴィキ」というレッテルが貼られた——実際に多数を占めていたのはメンシェヴィキだったから、レーニンの巧みなトリックであった。

ロシアのマルクス主義者には基本的問題があった。マルクス主義の歴史法則の理解によると、「彼ら」の革命——彼らが生涯を捧げてきた革命——は、歴史の予定表では次に来るものではなく、次の次だった。これは、ロシアが今なお資本主義段階の初期にいるにすぎないからである。そこではブルジョアジーはあまりに弱く、あるいは受動的であり、歴史的には過去のものとなっていた専制に対するブルジョア自由主義革命を成し遂げることができないでいた。その結果、イギリスやドイツと違い、プロレタリア社会革命がおこる機は「熟して」いなかった。トロツキーのような一匹狼は別にして、メンシェヴィキは機が熟していないというこの議論を深刻に受け止めた（おそらくこれがレーニンとの教義上の大きな違いだった）。ボリシェヴィキは、現実においては、そのようには受け止めなかった。だが、ボリシェヴィキはそれゆえ悪いマルクス主義者だとするメンシェヴィキの主張を額面どおり受け入れるのはまちがいだろう。のちに権力の座に就いたときの彼らの行動が物語るように、階級闘争と歴史的必然性についてのマルクス主義的理解は、ボリシェヴィキの指導者たちの内面に深く浸透していたし、さらにいえば、ロシアでのプロレタリア革命に正当性を与えるための、マルクス主義的な方法もあった（たとえば、帝国主義の鎖のなかで一番弱い環が最初に切れるという理論）。本当のところは、有能な革命家であれば理論上革命が禁じられている状況にあったとしても、迂回路を見つけるはずだった。

マルクス主義者革命家にとってもう一つの問題は、ロシアのプロレタリアートが相対的に弱いということだった。なるほど、プロレタリアートは大企業に高度に集中していた（これは革命にとってのプラスである）が、その数は今なおどうにもならないほど少なく、一八九七年にすでに総人口一億二千五百万人いたなかで、一九一四年にも三百万人をほんの少し上回るだけだった。弱点は部分的にはレーニンの革命党概念によって埋め合わされた。それは専従の革命家で構成され、プロレタリアの「前衛」として行動する。歴史的な革命の使命に労働者の目を見開かせるのが前衛党の任務で、目覚めた労働者は──今や「自覚的」というお墨付きがついて──暗愚ではあるがしばしば反逆的な大衆の前衛として行動することになる。一九〇一年のロシア警察の観察によると、ボリシェヴィキはこの計画である程度の成果を得ていた。労働者階級を取り巻く環境のなかで「安易なロシアの若者が、半ば教養がある程度の『知識人』の特殊なタイプとなり、家族や宗教を鼻で笑い、法を無視し、既成の権威を否定して、嘲らなければならないと感じている」、こうした者たちが「不活発な労働者大衆」に対し権威を持つようになっていると警察は書き留めた。

レーニンはロシアのマルクス主義者の亡命者のなかで最も非妥協的な革命家であると同時に、最も権威主義的でもあった──自分の党派の内部における挑戦に対して不寛容であり、民衆の自然発生性に対置されるものとしての、革命運動における組織と職業的指導力の重要性を力説した。だが、レーニンは一面的な性格の持ち主ではなかった。教師であり、教育理論家となることを天職としたクループスカヤと結婚したレーニンは、少なくともある程度までは、人民を啓蒙することが革命の深奥にある目的であり、学校や読み書き教室や図書館を大衆に提供することが革命の鍵となる任務だとするクループスカヤの信念を共有していた。たしかに、レーニンはクループスカヤと違い、強い使命感がある、生まれながらの政治家であって、派閥争いや権力闘争は人生の一部だった。それゆえレーニンが人民の啓蒙について心配する時間があったのは、主に政治が無風状態のときだった。

第一次世界大戦と革命

一九一七年一月、チューリヒに亡命していたレーニンは、自分が生きているあいだにロシア革命を目にすることは望めないと嘆いた。これはもっともな判断だったが、まちがっていることがわかった。戦争の日々はレーニンにとって愉快なものではなく、国際社会主義運動にとってもそうだった。帝国主義的競争者同士で戦争が起こっても、労働者は政府を支持せず、仲間のプロレタリアに発砲することを拒むにちがいないという希望があった。実際に起こったことはその逆だった。労働者と多くの社会主義知識人は突然愛国者になり、彼らの政府と同一歩調を歩み、戦争の初期段階を特徴付けた激しい民族主義の熱狂にのみこまれた。この戦争は労働者と利害関係のない帝国主義戦争であるという考えを持ち続け、さらに、ロシアの革命的大義にとって最善の結果はロシアの敗北だと論じた点で、レーニンはふつうと違っていた。これは彼の亡命者仲間のあいだで人気のある見方ではなく、ボリシェヴィキ党はいっそう分裂した。

ロシアが軍事面で準備不足だったことはすぐに明らかになった——ロシア帝国陸軍は当初の召集に必

要なだけの銃すら持っていなかった――そして一九一五年までに、ドイツ人が兵力を東部戦線に移動させるのにともない、敵の部隊はロシア帝国の西部諸県の多くを獲得した。初めのうち愛国心を持っていた公衆にとって、敗北、占領、疎開は衝撃だった。戦争が終わるまでに、ロシア軍捕虜二百五十万人がドイツの手に落ちた。兵員の人的被害は約二百万人に及んだが、ここには厖大な数となる負傷し障害を負った兵士と、それよりわずかに数が少ないだけの民間人の損害は含まれていない。軍は一九一七年二月の時点で、総計千五百万人以上を徴兵した。徴兵の対象は主に農民で、女性が独力で農地を耕すことになった。帝国西部諸県をドイツに脅かされたロシア軍は、約二十五万人のロシア系ドイツ人とともに、おそらく百万人に上るユダヤ人を国の内奥部に強制移送した（ユダヤ人の大半が居住することを求められていたユダヤ人居住地域は、西部国境の近くにあったのである）。加えて、戦闘を避けるために約六百万人の避難民が東方に逃げ、ロシアの内奥部に入っていった。

困難を強いられる民間人や徴兵され酷使された兵士だけでなく、政治と軍のエリートのあいだにも不満が高まった。無気力で優柔不断の皇帝ニコライ二世は、アレクサンドラ皇后と、皇帝夫妻が庇護を与えた胡散臭いグリゴリー・ラスプーチンの言いなりだという噂だった。ラスプーチンは皇帝の跡継ぎで血友病の子どもであるアレクセイを治癒する力があると主張していた。ラスプーチンは一九一六年十二月、自分で専制を守ると気負った自堕落な若者、フェリックス・ユスーポフ公に暗殺された。軍の高級将校らは状況に相当危機感を抱いたので、つくられてまもないドゥーマ（一九〇五年の革命の産物である議会）の指導者たちと話合いを始めるほどであった。彼らは集団で、以下のように決意した。明らかに統治者の役割を喜んでいないニコライに対して、彼自身の退位、それにアレクセイの帝位放棄を求めるべきであり、より強いリーダーシップを発揮することが期待された皇帝の弟に譲位させるべきであると。

ニコライはこれに同意して退位したが、弟は謀をした者たちを拒んで混乱に陥れ、代替案なしの状態にした。これが二月革命である。それは私たちの暦で三月初旬に起こり、マルクス主義者によって「ブルジョア自由主義的」と呼ばれた（事実としては、陰謀者たちはもっぱら貴族であったし、自由主義者はほとんどいなかったのであるが）。二月革命はいかにも見込みがない臨時政府という名で呼ばれる一時しのぎの機関をつくり、それがロシアの統治形態を決めるために未来のある時点で憲法制定会議を招集することになった。必死になってロシアに戦争を継続させようとした連合国は、即座に新政府を承認した。これが努力して得たわずかな結果の一つだった。

軍内では、徴兵された兵士たちの雰囲気は陰鬱だった。人的損失、敗北、それに予想もしないほど長いあいだ家を離れなければならなくなったことが理由だったが、一九一四年、皇帝が伝統的に兵士にふるまっていたウォッカをやめたことに対する怒りはまちがいなく大きかった。一般の人々にも適用されたウォッカの禁止によって、国家収入の重要な源泉が消え、不法自家醸造に穀物を振り向けることになり、結果的にパン不足を引き起こすことになった。一九一六年から一九一七年にかけての冬に起こった民衆の不満の波は、ペトログラード（首都は戦争の初めに、「サンクト・ペテルブルグ」があまりにドイツ風に響くという理由で改称されていた）でパンを求めて列に並ぶ女性労働者から始まり、軍に拡大した。砲弾の餌食になることにうんざりしていた兵士が、そこから逃走するようになったのである。春の種蒔きが近づくなか、村に帰る農民出身の兵士がますます増えたが、将校には彼らを阻止する力がないことが明らかとなった。大都市では、皇帝退位を祝う群衆が膨れあがっていくのを前にして、警察が解体し始めた。これは典型的な革命状況だった——それは、抗議運動が最も強力であった大都市ですらも、革命側の勢力が圧倒的であったからというわけではなく、旧体制が国民のあいだでもエリートのあいだでも正

1917年。ペトログラードの革命デモ。旗には「隊列をかため、自由を守ろう」と書かれている。

統性という神秘的な力を失って、その軍と警察とが、頼ることのできる警護者であることをやめたからであった。

　二月の日々と結びついた、陶酔させる解放の瞬間は、人々の記憶に長く残った。今や、街頭で革命が起こっていた、あるいは少なくとも、喝采の声をあげるデモ参加者の群れがあった、そしてマルクス主義者にとっては何とも嬉しいことに、その多くは労働者だったのである。一九〇五年のペテルブルグ・ソヴィエトをモデルにし、工場や軍の部隊で直接選出された代議員からなる即製民衆組織が、臨時政府と多かれ少なかれ同時に誕生した。ペトログラード・ソヴィエトが自らを民衆革命の代表者であると宣言し、軍に対するいかなる命令にも副署する権利を求めると、軍は従うよりほかなかった。こうして、「二重権力」が出現した――本質的に、臨時政府とペトログラード・ソヴィエトのあいだで権力を共有する取決めであった。ロシアはプロレタリア革命を実現するほど成熟していないので、ブルジョア自由主義者に——プロレタリアの注意深き監視のもとで——歴史によって委託された任期を担わせるべきだという、ソヴィエトの社会主義者の指導者たち（初めは主にメンシェヴィキ）の確信を、顕著なかたちで制度的に表現したものであった。

革命運動内では総じて、高揚し、自己満悦し、社会主義者の団結を支持する雰囲気だった。だが、たった一人きりで異を唱える者がいた。レーニンだった。レーニンは戦線（もちろん戦争は進行中だった）を越えてチューリヒから戻るのに一か月かそれ以上かかった。だが、最後にはレーニンとそのほかの幾名かの革命家たちは有名な「封印列車」でドイツ領からスウェーデン、フィンランド経由でロシアに移動する許可をドイツから得た。レーニンは四月、ペトログラードのフィンランド駅に到着し、熱狂する群衆に迎えられた。なかにはソヴィエトからやって来た、仲直りを考える社会主義者もいた。レーニンは幸福な団結ムードにすぐ終止符を打った。臨時政府との権力共有はこれ以上はあってはならないとレーニンは言明した。レーニンの新たなスローガン「すべての権力をソヴィエトに！」は、ロシアが経験しなければならないとほかのマルクス主義者が考えたブルジョア自由主義革命を忘れて、直接プロレタリア革命に向かうという意味だった。愕然としたのはメンシェヴィキだけではなかった。首都にレーニンより先に到着し、基本的に社会主義者の統一戦線を組んで行動しようとしていた、レーニン自身の党派であるボリシェヴィキの面々もそうだった。レーニン夫人であるクループスカヤでさえ驚愕した。「イリイチ〔レーニンのこと〕は頭がおかしくなった」と彼女はそばに立っていた古くからの同志にこっそりつぶやいたと言われている。

翌月、経済状況は悪化した。軍から脱走する兵士の数は増え、労働者と首都付近の兵舎から来た兵士と水兵のデモで、ペトログラードとモスクワの街頭は溢れかえった。臨時政府と軍の最高司令部は必死になって、夏の戦闘に向けて軍を立て直そうとした。政治行動の現場であったペトログラードでは、ボリシェヴィキの非妥協的な姿勢がデモ参加者の心に訴え、その党員数と影響力が急激に高まり、トロツキーのように行動を志向するメンシェヴィキのなかには、脱退してボリシェヴィキに参加する者たちもいた。だが、七月初めに行われた最大の示威行動のあとの弾圧で、レーニンは逮捕を避けるためフィンランドに逃げなければならないと感じた。規模の小さい社会主義政党出身の法律家アレクサンドル・ケレンスキーがリヴォフ公から臨時政府の指導体制を引き継いだが、軍と首都の状況は改善せず、ドイツ軍は前進を続け八月にリガ（ラトヴィアの首都、今なおロシア帝国の一部だった）を奪取した。これによりドイツ軍は不安になるほどペトログラードに近づいた。

八月末に、大きなドラマがあった。ケレンスキーに最高司令官に任命されたばかりで、軍の規律を回復する任務を担うラヴル・コルニーロフ将軍が軍事クーデタを試みた。コルニーロフとケレンスキーの関係は、七十三年後のミハイル・ゴルバチョフと一九九〇年八月のクーデタのリーダーらとの関係と同様にはっきりしない。コルニーロフがケレンスキーに反対してではなく、ケレンスキーのために行動していると考えていたというのはあり得ることである。いずれにしても、鉄道労働者が速やかな行動をとって、首都に向かうコルニーロフの部隊を止めたためクーデタは失敗に終わった。ケレンスキーの立場は決定的な打撃を受けた。

トロツキーの支持を受けたレーニンは、街頭でデモを行っていた人々が七月以来訴えてきた権力奪取のときが来たと決意した。のちに生まれた伝説では、十月革命は二月革命より大胆で流血を伴ったとしているが、十月革命はペトログラードでは二月革命とほぼ同じように静かに実現した。ペトログラードの女学校に全ロシア・ソヴィエト大会が集まり、ペトログラード・ソヴィエト内でトロツキーが必要な準備作業を片付けると、レーニンはフィンランドの隠れ家から姿を現し、ボリシェヴィキがソヴィエトの権力奪取をリードしている、臨時政府を廃止すると発表した。メンシェヴィキは大会を退席したが、これは自分たちを傷つけるだけのジェスチャーとなった。噂によれば女装したケレンスキーは、すでに逃走中であった。

「すべての権力をソヴィエトに」ということは、何らかのソヴィエト機関――おそらくペトログラード・ソヴィエトあるいはソヴィエト大会が選んだ何らかの執行機関――が国の指導体制を引き継ぐことを意味すると考えた人々には、驚くべきことが待ち受けていた。明らかになったのは――ボリシェヴィキの多くも驚いた人々のなかに含まれていたのだが――新政府は人民委員会議（事実上、内閣）になるということだった。レーニンのスポークスマンが任命されたばかりの人民委員の名を大会で読み上げた。全員がボリシェヴィキで、レーニンが議長だった。ボリシェヴィキが権力を掌握したのである。

ボリシェヴィキ支配の確立と内戦

ボリシェヴィキは熱心に否定するであろうが、十月革命は容易に得られた勝利だった。戦争の失敗により旧体制は信頼を失い、戦争を離脱できなかったことから臨時政府も同じ道をたどった。戦時という非常事態が、不満を抱いた何百万という人々を（武器を持って）都市と兵舎に集中させ、革命家に依拠すべき巨大な支持者を与えた。産業労働者階級も比較的少数の大都市に高度に集中していた――これによりそこでの革命組織の任務はより楽になった。その上、ロシアの最大級の資本を持つ多くの企業が、外国人を所有者としていたため、所有者と経営者のなかにはすでに開戦時に国外に退去していた者もおり、残った者たちも現地人である場合に比べ、退陣させるのがはるかに容易だった。だがもちろん、十月のペトログラードでの権力奪取は始まりに過ぎなかった。ボリシェヴィキがこの権力を掌握し続けることができるどうか、ロシアのほかの地域に拡大できるかどうか、統治の仕方を学ぶことができるかどうかは未知数だった。

ボリシェヴィキはマルクス主義者らしく几帳面に、彼らの新たに確立した統治を「プロレタリアート独裁」と表現した。道具として「前衛」党を用い、社会主義への準備が整うまでの移行期に国を前進させることがその任務だった。社会主義者のうちの批判者たちは、今権力の座にあるのが本当にプロレタリアートなのかどうかあげ足を取ることもできただろうが、内戦(一九一八年半ばに始まり二年以上続いた)という状況下で、党がプロレタリアであることを証明するのは二次的な問題だった。独裁ということの方が突出した概念で――議会もどきの飾りを施していたが――事実上、ボリシェヴィキ党の独裁だった。ボリシェヴィキは、旧支配階級、土地所有階級、それに都市ブルジョアジーから反対があると予想しており、こうした「階級敵」に対しテロを用いることになるという事実を包み隠さなかった。チェカー――反革命、サボタージュ、投機取締全ロシア非常委員会の頭文字――が、これらに対抗するため、一九一七年十二月につくられた。

チェカーは社会正義の名で、ブルジョアと貴族の財産を、その邸宅やフラットを含めて、強制的に「収用」した。接収部隊への参加を志願する、下層階級の者たちが不足することはなかった。実際に、ふつうの犯罪者がこの行為に関わり、国家を代表してではなく勝手に接収者としてブルジョアのフラットの戸口に現れ、接収を私業に変えてしまうといったことが生じていたが、これは一九一七年から一九一八年にかけてボリシェヴィキが抱えた小さな問題のうちの一つだった。この事態がボリシェヴィキの目にとまったとき、彼らはこうした犯罪者のことを労働者階級の真の一員ではなく「ルンペンプロレタリアート」であるとして非難した。だが、ルンペンは適切な社会主義的自覚を持たないプロレタリアートに対するマルクス主義的蔑称にすぎなかったので、部外者がルンペンプロレタリアートを真のプロレタリアートと区別するのは難しかった。

革命的な行動の多くは、ボリシェヴィキが堅固に支配する大都市で行われた。国家によるいかなる有効な監督からも自立した農村部では、農民は自分たちの流儀にしたがって報復を行い、地主を追い出し、彼らの邸宅を焼き討ちした。こうしたことをおおむね達成すると、農民は自分たち自身の共同体内部におけるより裕福な者たち、いわゆるクラークにしばしば目を転じ、新しい流行語を使うと、彼らを「搾取」した。

内戦はどちらの側も血なまぐさく残忍で、苦痛と悲しみが複雑に入り混じった遺産を残した。国の西部地域のユダヤ人は帝政末期のポグロムよりさらに残忍なポグロムの対象となった。無秩序と混乱が諸県に広がった。旧帝国軍の将校が率い、大なり小なりロシアのかつての戦時中の同盟国（イギリス、フランス、アメリカ合衆国）と日本の支持を得た「白」軍（反ボリシェヴィキ）が辺境地帯で編成され、ボリシェヴィキ体制を倒し、旧体制を復活させようと考えた。ウクライナ諸県では、ウクライナ民族主義者、ボリシェヴィキ、無政府主義者、白軍が、ドイツそしてその後のポーランド軍の侵入という文脈のなかで、不安定な体制を繰り返しつくった（首都キーウは一年のうちに支配者が五度も交替した）。メンシェヴィキは一九一八年半ば、ジョージアで権力を掌握し、オスマン帝国およびアルメニアと戦った。ボリシェヴィキはバクーにコミューンをつくったが、その指導者はイギリスにより処刑された。短命に終わったヴォルガ共和国がサマーラに出現した。これは、貨物列車をいっぱいにした、武装したチェコの戦争捕虜（社会主義者だが反ボリシェヴィキ）の厚意によるものであった。彼らは地球を一回りして西部戦線で戦う連合国軍に加わろうとして、太平洋岸のウラジオストクに向かう途中だった。日本は何万人もの軍勢を、ロシア沿岸諸県とシベリアに派遣した。

ボリシェヴィキは大きな犠牲を払い、一九一八年春にロシアを戦争から離脱させた。ブレスト＝リトフスクでドイツと結んだ懲罰的条約により、もし残りの連合国が八か月後にドイツを破ったことで条約が無効にならなかったならば。ロシアは価値の大きいウクライナの領土を奪われるところだった。だが、ボリシェヴィキはなおも戦争の網の目から逃れられなかった、というのは彼らが権力を奪取して半年のうちに内戦が勃発したからである。あるいは彼らは、議論の余地はあろうが、逃れようなどとは思っていなかったのかもしれない。この時点まで、ボリシェヴィキが評価する徳目のなかに武勇というものはなかった。準軍事組織の伝統すらなかったのである。だが、敵である「白」軍と戦うという情熱が、党とその支持者のあいだに間もなく出現した。レーニン自身は、多くの同僚たちのように軍人らしい風貌に変ることはなかったが、内戦の勝利はボリシェヴィキ支配を正統化するためのよい方法であると恐らく考えたであろう。いずれにしても、一九一八年半ばにウラルの首都エカテリンブルグで皇帝一家を処刑する（地方ボリシェヴィキが行ったことだが、少なくとも中央は暗黙裡に認めていた）挑発行動をとらなかったとしても、内戦は避けられなかった。解散した帝国陸軍の将校たちは、いまや失職していたが、彼らは戦闘を望んでおり、連合国もまた、一九一八年十一月以降はヨーロッパ戦争の要請から解放されていたので、喜んで支援の手を差し伸べた。

ボリシェヴィキの側では、トロツキーの指導下で新しい「赤軍」を創設するという偉業を実現した。

赤軍は内戦の終わりまでに五百万の兵力を誇り、国の主要な雇用主となっており、また多くの地方において、名前だけの文民機関よりも効率的な行政権力になった。これが可能になったのは、以下のような事実による。塹壕を越えて大規模な血なまぐさい戦闘を行うのではなく、小規模で単発的な交戦があるという、内戦の戦い方からして、赤軍で戦死する確率は旧帝国軍の徴集兵よりはるかに低かった。また、ボリシェヴィキは脱走兵に比較的寛大だった（種蒔きや収穫を終えると戻ってくることがよくあった）。いずれにしても、軍から糧食を得ている者のうち、実際の戦闘部隊は少数派だった。白軍は将校こそ大勢いたが、兵卒を集めることについては赤軍に比べて困難を抱えた。それに、連合国からの支援は軍事的な潮目を変えるほどのものではなかったが、ロシアの一般の人々に「外国の介入」への反感を抱かせるくらいには目についた。

　一九二〇年から一九二一年にかけての冬までに達成された勝利は、いよいよというときに農民たちが、地主を復活させるのではないかと恐れた白軍でなく、赤軍の味方についたからだと言われることが多い。同じことは帝国の非ロシア人についてもおそらくいえることだ。彼らは白軍が「一体不可分のロシア」に執着したことから、熱意を駆り立てられようもなかった。白軍は

トロツキー。「ソヴィエトの地に平和と自由を」と題した白軍のプロパガンダ・ポスターでは赤い悪魔として描かれた。

調整を欠き、しばしば指揮も劣悪であったのだが、巨大な国の周辺部に散らばっているという点が不利であった。そこでは輸送と分配のネットワークは中央から周辺へと向かって流れ出ていた。内戦の終結により、白軍の南部国境を越えての集団脱出が引き起こされ、その多くはユーゴスラヴィア、チェコスロヴァキア、ブルガリアに、また、東部国境を越えて中国に脱出し、多くの者が、満洲における事実上のロシア都市であるハルビンに行き着いた。エリート出身者を数多く含む百万から二百万の人々の流出は、新体制にとって才能ある人々のきわめて大きな喪失を意味したが、政治的脅威が永続的に取り除かれたということでもあった。

一九二一年初めの時点で、中央アジア、カフカース、極東に掃討すべき勢力が残っていたが、内戦の結果は明らかだった。赤軍が勝利を収め、赤軍が統治する領土は旧ロシア帝国の領土から大きく縮むことはなかった。バルト諸国とフィンランドはロシアからの分離が認められた。ポーランド諸県は——旧帝国のなかで最も都市化し工業化したところだった——は、赤軍と新生ポーランド国家の兵力のあいだで軍事衝突が起こったあと、失われた。この軍事衝突は赤軍の敗北という結果に終わり、ボリシェヴィキの指導者にとって有用な教訓となった。一九二一年にソヴィエトの部隊がワルシャワに進軍してくるのを見たポーランド労働者は、それをプロレタリアの解放者ととらえるのではなく、ロシアの侵略者と考えたのだった。

一九二二年の時点で、共産党員は大ロシア人七二パーセント、ウクライナ人六パーセント、ユダヤ人五パーセント、ラトヴィア人三パーセント、ジョージア人二パーセントだった。これは全民族のソヴィエト市民のうち、千人につき約三人が共産党員ということだった。ユダヤ人、ジョージア人、ロシア人は人口比で言うとある程度過剰に代表されており、ウクライナ人は過小だった。党内でロシア人がかなり優位にあったのは内戦中の党員募集の結果だった。それによって一九一七年の二万四千人から一九二一年三月の七十万人以上に党員の総数は拡大し、共産党は初めて大衆政党になった。一九一七年以前の状況と比べると、圧倒的に男性の党であり、内戦で戦った記憶が結合剤となっていた。一九二二年初め、女性は党員のうちの八パーセント以下だった。

ボリシェヴィキの指導者たちはソ連が領土的に旧帝国と似ており、かつての臣民からロシア帝国主義者と誤解される可能性があることに一抹の不安を感じた。レーニンは非ロシア人は丁重に扱わねばならず、民族問題関連での誤解を招くようなごくわずかの粗野な態度や不公正も避けねばならないと、繰り返し促した。彼はジョージア人の扱いをめぐってスターリンと衝突した。ポーランド人が去った今、領域的な基盤をもつ民族としては最も御し難いのがジョージア人であった。スターリンは、彼自身ジョージア人であったが、ザカフカース連邦に組み込まれたことにより過敏な民族の誇りを傷つけられた、ジョージアの共産党員に寛大でなかった。彼の観点からすると、まったく単純なことだった。新しい革命国家が旧ロシア帝国の辺境を失うならば、それは国際革命運動に打撃を与えるだけだ。なぜならそうした辺境は「国際帝国主義者の陰謀に不可避的に屈することになるからだ」。それゆえ、選択は二つしかない。「ロシアにつくことは帝国主義者のくびきからの解放を意味する。それとも協商国につくか。これは、帝国主義者のくびきが不可避的に帝国主義的であることを意味する。第三の選択肢はない」。旧ロシア帝国の領土における彼らの連邦は、「世界社会主義ソヴィエト共和国」に至る最初の一歩となるであろう。

第二章

レーニン時代と後継者争い

ボリシェヴィキは産業労働者階級の党として権力の座へと上昇したとするのが、ボリシェヴィキの歴史の書き方である。これはまったくの幻想というわけでもなかった――〔一九一七年〕七月にモスクワとペトログラードの街頭に集まった群衆はボリシェヴィキを支持しており、党には新メンバーが殺到した。一九一七年十月、選挙で選ばれた全ロシア・ソヴィエト大会では、ボリシェヴィキは最大の代議員数を擁していた。十一月に行われた憲法制定会議の選挙では、ボリシェヴィキは第二党であり、全国の票の二五パーセントを獲得して、農民指向の社会主義者＝革命家党（エスエル）に後塵を拝した――だが、十二月までにこの党は分裂し、若干の左派エスエルはレーニン政府に加わった。

しかしながら、代表制をめぐるボリシェヴィキの概念は、明確に非議会的であった。彼らは自分たちの党のことを、労働者階級の選ばれし代表であるとみなしていた。彼らの頭のなかでは、これはたった一度きりの歴史的選択であり、離れることのありえない結合であった。ボリシェヴィキは、新体制に不満を抱くようになれば労働者がほかの政治的代表者に向かうかもしれないという可能性については考えることができなかった。だが、経済と軍事の悲惨な状況が広がるなか、不満が募る可能性はきわめて高かった。事実、そのことは明白であったし、それとともにまた、一九一八年の春先の時点で、労働者がほかの（社会主義）政党にあらためて関心を寄せ始めたことも明らかだった。一九二〇年の終わりまでに、クロンシュタットの水兵——一九一七年には早い時期からボリシェヴィキを揺らぐことなく支持した——は、反乱に打って出て、「共産党員（ボリシェヴィキは一九一八年に名称をロシア共産党に変更し、一九二四年にソ連共産党〔正確には全連邦共産党〕となる）なしのソヴィエト」を求めた。クロンシュタットの反乱はボリシェヴィキにとって恐ろしい象徴的拒絶行動だったが、ボリシェヴィキは道を変えなかった。後進性から社会主義へと「プロレタリアート独裁」を経由してロシアを導くための権力は彼らの手に入ったのであり、彼らにはそれを手放す気はなかった。

労働者の不満は、ボリシェヴィキが労働者階級とのあいだで抱えている唯一の問題ではなかった。労働者階級そのものが解体しつつあるのではないかという、より危機感を抱くべき可能性があった。帝国軍の兵士と水兵は、革命の年を通じて一時的なプロレタリアとしての役割を果たしたが、動員解除された。産業労働者については、あるものは今や西側国境の向こう側にいたし、ロシアとウクライナに残った者の多くも、人を不安にさせるほどの規模で都市部から姿を消して、家族の地画で生き残るために故郷の村に戻った。これは、マルクスによるならば、プロレタリアの然るべき行動様式ではなかったし、またボリシェヴィキは、ロシアの第一世代のプロレタリアートが依然として農民世界と強い結びつきをもっていることを簡単に忘れてしまっていた。工場が閉鎖され飢餓が諸都市に広がった場合、彼らは単純に帰郷して農民に戻るという選択肢をもっているのだった。積極的にボリシェヴィキを支持している「自覚ある」労働者の多くは、赤軍に志願するか、専従で党業務に従事していた。内戦が終わると、勝者は自分たちの社会的支持基盤となるはずの階級を探して回ったが、もはやその階級がいなくなってしまったことに気づいた。「存在しない階級の前衛となっている君のことを祝福することを許していただきたい」と政敵の一人は嘲笑した。

農民との関係は多難だったが、少なくとも予想できる問題だった。ボリシェヴィキは農民の自然発生的な土地奪取を事後的に承認したが、そのことは農村部での彼らの立場を改善した。だが、都市と軍を養うために彼らが行った穀物徴発——武装した労働者と兵士の部隊によって実行され、見返りに与えられる工業製品は、もしあったとしてもごくわずかであった——は広く憎悪された。農民を互いに対立する諸陣営に分裂させようとするボリシェヴィキの慣行も同様であった。ボリシェヴィキは都市と同じように農村にも階級対立が存在する、クラークが搾取者で貧農が彼らの犠牲者であると想定していた。だが、農民はこの階級モデルをもっぱら拒絶し、伝統的な村落組織であるミールを通じて外界と交渉するような一体的な共同体として、彼らの村のことを考えていた。ウクライナではネストル・マフノ麾下の農民の「緑」軍が、一方ではボリシェヴィキと、もう一方では白軍と戦った。中央ロシアの都市タンボフでは大農民反乱がおこり、赤軍五万人を派遣してようやく鎮圧した。

内戦の終わりの時点で、赤軍はソヴィエト行政機構の屋台骨であり、農民兵士のための事実上の読み書き学校、将来の共産党員行政官（「カードル」）を採用するための訓練場でもあった。だが、赤軍はこれらの機能を無期限に果たしていくことはできなかった。革命の歴史を熱心に学んだボリシェヴィキは、フランス革命が終わったのは、革命軍の元伍長ナポレオン・ボナパルトがヨーロッパの多くを征服したあとで、自らを皇帝と宣言したときであることをよく意識していた。同様のことはロシアでは進行中ではなかった。一九二一年初めまでに二百万人が動員解除された。政治局は軍のカリスマ的リーダー、トロツキーをまもなくしてほかの任務に異動させることになる。

内戦の終結は、ボリシェヴィキがもくろむ統治のありようを鮮明に浮き彫りにした。早い段階ではこうしたことにほとんど考えが及ばなかった。一つには初期の数年には、現実に世界革命が起こるという期待があったからだった。そうなれば、個別の一国的な革命政府をロシアにつくる必要などなくなったはずであった。だが、一九二〇年代初めまでに、戦後のヨーロッパにおける革命的行動の波は崩壊し、ロシアは単独で頑張らねばならないであろうことが明らかとなった。だが、将来世界革命があるということが信仰箇条の一つであり続け、世界中の共産党をモスクワの指導の下でまとめるために一九一九年につくられた共産党インターナショナル（コミンテルン）が、これを立証するということになった。ソ連とコミンテルンは今や、西方だけでなく東方をもうかがっていた。一九二〇年九月、バクーで開かれた東方諸民族大会は、植民地搾取の犠牲者との連帯と、彼らの解放運動への支持を宣言した。だが、革命が勝利したのはこれまでのところロシアだけだったので、のちにスターリンが「一国社会主義」と呼ぶことになるものの準備を行うことが今や喫緊の課題だった。

「クラークと聖職者」。ヴィクトル・デニによるポスター。クラークの豚の鼻に注目。

革命は長期的には、全市民に労働、無償の教育と医療、社会福祉による保護を保障するとボリシェヴィキは想定した——だが、国家が貧しいこと、戦後の混乱状態にあることを踏まえると、これらのいずれもすぐに万人に向けて提供することはできなかった。短期的には、提供されたものは「プロレタリアート独裁」だった。一方では、これは事実上の一党制国家における、ボリシェヴィキ党の統治を意味した（左派エスエルは一九一八年半ばに政府を去り、他の社会主義諸政党は徐々に圧し潰され存在しなくなった）。もう一方では、国家が乏しいリソースを分配するにあたり、労働者が有利な扱いを受けることを意味した。一般的な用法においては、今と同じように当時もまた、「独裁」とは通常、独裁的権力を得た一人の人間による支配を含意した。ナポレオンが歴史上の実例であり、ムッソリーニ——彼の背後に大衆を動員するために、イデオロギーに身を捧げた志願者たちの政党を伴っていた——が同時代の実例であった。ドゥーチェを気取るムッソリーニは、ソヴィエトの新聞で大いに馬鹿にされたし、個人独裁はレーニンが想定していたものとははっきりと違っていた。党の政治局ではレーニンは、党創設者としての巨大な権威にもかかわらず、自分の地位は対等な人々のうちの筆頭にすぎないと主張した。

しかしながら、レーニンは一九一七年十月に自ら政府（人民委員会議）の長になっていたし、それを新体制における最高権威として考えていたということも十分にあっただろう。実際には、違うことになった。政府の省庁を「人民委員部」と名称変更したものの、帝政の官僚制から脈々と引き継いだ糸があることを隠すものではなかったし、非共産党員の「専門家」を雇ったことにより、それらの地位はいっそう損ねられた。党は、〔政府機構と〕並行するような独自の地域また地方ネットワークを迅速に手に入れ、任命された専従の共産党員をスタッフとしていたが、〔政府機構とのあいだで〕優位を争うための強力な競争者として立ち現れた。内戦終結の時期から、所与の地方における筆頭はふつう地方党書記で、地方ソヴィエト（今や国家機関の一部となった）議長は第二位であった。中央では、レーニンが政府の長として独自の権威を持っていたために、同じ過程が進行するには少し時間がかかったが、一九二四年にレーニンが死去するころまでには、政治局が支配的な立場を保持していることが明らかであった。

一九二〇年代前半の政治局は、党中央委員会（これ自体は、党地方支部から来た代議員によって、多かれ少なかれ一年ごとに開かれる党大会において選出された）が選出する約十名で構成された。その役割は、主要な政治問題について決定することだった――だが、政策に加え、新体制が確立されるなかでの喫緊の課題である、人事の問題があった。党の筆頭クラスの任命は、政府と軍の人事とともに、政治局の裁可が必要だった。だが、それより下のレベルでは、新しい党官僚制の全国規模での人員配置を担当する機関も、党にとって必要だった。これを担当したのが中央委員会書記局であり、一九二二年からは、政治局員でもある書記長ヨシフ・スターリンにより率いられた。彼が裁量を持つ要職の任命のなかには、地域および地区レベルの党書記――「プロレタリアート独裁」の地方での執行者――も含まれていた。

それぞれ独自の分かりづらい略称やイニシャルをもつ新しい諸機関（Tseka〈党中央委員会〉、Ispolkom〈ソヴィエト執行委員会〉、Sovnarkom〈人民委員会議〉、VTsIK〈全ロシア中央執行委員会〉など）が広がって当時の人々は混乱した。これらをからかう小話が数多くあって人気があった。たとえば伝説的な劇場演出家コンスタンチン・スタニスラフスキーが、モスクワにある国家経営百貨店ＧＵＭを、チェカーを引き継いだ治安警察ＧＰＵと混同したといった話である。だが、革命機関ですらもこれまでなじんだ型にはまりがちだった。体制が落ち着いて歴史の先例が再びひそやかに幅を利かすようになると、地方や共和国の第一党書記の職は、帝政期の県知事の職に似るようになった。それは、巨大な地方権力をもっており、中央の不断の裁可（党書記局および政治局からの）に依存していることによってのみ抑制されているという点だけをとっても、いえることであった。

それぞれのソヴィエトは二次的な役割に転落した。国政のレベルでは、一九三〇年代に最高ソヴィエトとして知られることになる選挙制の組織が、擬似議会の機能を果たし、その代議員は、労働者、農民、民族的少数派のメンバー、女性を然るべく代表するために慎重に選出された(党によって指名された)。戦間期の大半、その議長を務め、同時にまたソヴィエト国家の形式上の長でもあったのが、労働者階級および農民の出自をもつ、敬愛される党の長老ミハイル・カリーニンだった。地方レベルでは、ソヴィエト執行委員会は地元で選出されるのではなく、委員が中央から任命されるようになり、中央の人民委員部の地方・地区支部に変質した。

初期の歳月には、ボリシェヴィキの指導者たちは働きづめで新しいシステムをつくり、機能させようと必死だった。問題は厖大であり、とりわけ指示を理解しイニシャティヴをとることのできる、信頼に足る幹部を何としても見つけなければならなかった。どんなコックでも政府を運営できるとレーニンが述べたと言われることがよくある。「ブルジョア」の批判に応えて、レーニンが実際に書いたのは、訓練もなしにどんなコックでも就任してすぐに国家を運営できると思うほど自分はばかではないし、特権身分に生まれた者だけがそのような能力をもつと想定するほどの偏見を持ってもいないということだった。実際、ボリシェヴィキの戦略は、行政官を集める優先的な基盤として、「自覚ある」産業労働者——都市社会の最下層の人々ではなく、中流の社会＝経済階級、おそらくロシアの人口のうちの上位一五パーセント——を登用することだった。訓練を受けて自覚を持つようになったコックを登用するのは、そのあとの話であった。

ボリシェヴィキの幹部のもう一つの重要な源泉は赤軍だった。一九二〇年代初めに動員が解除になると、下士官と、文字を読むことのできる兵士――軍務に従事していたあいだボリシェヴィキ思想に触れた――が町や村にどっと現れた。彼らはリーダー役を務める準備ができていた。その意図せざる結果は、かつて文民的な精神を持っていた党が、ある程度まで文化的軍事化を被ったことであった。党内では、今なおスーツを着ているのは五十歳のレーニンだけと思えることもあった。一九二〇年代のボリシェヴィキ行政官の典型は、軍靴を履いて軍のジャケットをまとい、労働者の帽子をかぶった、内戦経験のある若者だった（こうした役割を担った比較的少数の女性も同様の服装をした。あるいは少なくともできるだけ男性と同じようにした）。

トロツキー、レーニン、カーメネフ、1920年5月5日内戦のポーランド戦線の赤軍を訪問。平服を着ているレーニンに注目。ほかの二人は軍服である。

新経済政策

内戦のあいだ、ボリシェヴィキは、イデオロギーと戦時経済の実践的必要の両方に応えて、都市部で目にはいるものすべてを、商業も含めて、国有化した。体制の権限が大都市の外にうまく及ばなかったので、赤軍による（それに、白軍が支配している領域では白軍の）定期的な食糧徴発の攻勢にさらされていたが、農村は本質的に独自に自分たちの問題を処理した。ヨーロッパ大戦のあいだに都市部に導入された配給は今なお有効で、配給を行うときには常にそうであるように、闇市が栄えた。手に負えないインフレが生じて通貨価値が下落し、マルクスが社会主義のもとで起こると予言した「貨幣の死滅」の印だと希望を抱いて熱狂する者もいた。レーニンがごくわずか前の一九一七年半ばに書いたように、行政の崩壊と混乱もまた社会主義に付随する「国家の死滅」であると解釈することもできた。だが、内戦のただなか、国家の死滅はまったくレーニンの望むところではなかった。国家は強力であることが求められ（プロレタリアート独裁）、何よりも緊要なことに、それは機能しなければならなかった。

共産党は内戦に勝ったが、それは地平線上で唯一輝くところにすぎなかった。都市経済と産業インフラは破壊された。決定的な局面でヨーロッパ戦争を離脱したことを許していなかった西側列強はロシアをボイコットした。「無神論の共産主義」が西側宗教界から非難され、カニバリズムや「妻の社会的共有」をめぐる恐ろしい話が蔓延した。一般に口に出して言われることこそなかったが、ドイツや東ヨーロッパで特に広まっていたサブテキスト（訳注1）は、ロシアを乗っ取った野蛮な人々は、反ユダヤ主義の書『シオン賢者の議定書』が予言したように、ユダヤ人一味であるというものだった。これはボリシェヴィキが心地よく思う程度以上には、核心に近くはあった。もはやユダヤ人定住地域に閉じ込められることのなくなった、西部諸県出身の若いユダヤ人はモスクワやペトログラードに集まって、かなりの人数が共産党に加入し、新しい行政機関ですぐに出世した。ユダヤ人はラトヴィア人に次いで、人口比からすると党内で過剰に代表されているエスニック・グループだった。（ユダヤ人は一九二七年、党員の四・三パーセント、総人口の一・八パーセントを構成していた）。一九二一年三月の第十回党大会で選出された中央委員会は、旧ロシア帝国そのもののように多民族的で、ジョージア人、ユダヤ人、ウクライナ人、ラトヴィア人やその他の民族を含んでいたが、ロシア人が優位にあった。しかしながら、政治局では、投票権のある五人のメンバーのうちの三人（トロツキー、グリゴリー・ジノヴィエフ、レフ・カーメネフ）がユダヤ人で、ジョージア人（スターリン）が一人、ロシア人（レーニン）が一人だった——ただ、たしかに、三人の政治局員候補（ニコライ・ブハーリン、ミハイル・カリーニン、ヴャチェスラフ・モロトフ）はロシア人であったのだが。

「レーニン、地球から屑を掃除する」。ヴィクトル・デニによる（原画はミハイル・チェレムヌィフ作）。1920年。皇帝、聖職者、資本家が屑。

ボリシェヴィキ党は産業の近代化（マルクス主義の言葉でいうと、社会主義の前提条件）をかたく支持しており、中央国家経済計画の助けによってそれを達成しようとした。これは概念上は平時のための新機軸であったが、戦時の非常措置としてドイツとその他の交戦国によって第一次世界大戦中に実践された。だが、一九二一年の時点では、喫緊の経済的課題は、ロ

（訳注１）暗黙のうちに想定される背後の筋。

シアの芽生えたばかりの計画機関の処理能力をはるかに超えるものであった。部分的に市場を復活させることが、戦略的一時退却と理解すべきではあっても、唯一すぐにできる選択肢だとレーニンは決めた。新経済政策（NEP）のもとで、銀行と大規模工業企業は国家の手中にとどまったが、小売業と小規模工業は私人ないし協同組合の手に戻され、農民は彼らの生産物を再び市場で売ることができるようになった。この動きは熱情的な共産党員にとっては幻滅にほかならず、それを実行するためにはレーニンの権威のすべてを必要とした。

その結果は、都市部の小経営や商業の急速な回復であったが、ボリシェヴィキが落胆するほど復古的とみなしたような、都市生活の一面もまた急激に復活した。それは、「ブルジョアジー」とその毛皮をまとった妻たちが足しげく通うレストランであり、キャバレーまた売春であった。ボリシェヴィキはネップマンとして知られた新興の商業ブルジョアジーを嫌悪し、彼らのことを「階級敵」であるだけでなくいかさま師でもあるとみなした――これはまったくの大げさというわけでもなかった。というのはNEP経済は、それがとってかわったところの闇市場の多くの特徴を保持していたからで、そこには国家の倉庫からあらゆる必要な手段を用いて持ち去った商品への依存ということも含まれていた。工業、とくに大規模工業はあとに遅れた。第一の理由は資本不足だった。新しいソヴィエト国家は現金不足だった。投資を行う地元の資本家は残っておらず、外国資本家はもはや歓迎されなかった。

ロシア系ではない諸共和国および地方では、歴史的にイスラム教を信仰する中央アジアの統合が主要な物語であった。伝統的生活様式とソヴィエト的生活様式の対立は、特に女性のベールを廃止する問題を焦点とした。ソ連の民族政策は「後進的」エスニック・グループ（ウズベク人やバシキール人といった）と、ロシア人と同程度（ないしそれ以上）の文化水準にあるエスニック・グループ（ウクライナ人やジョージア人やユダヤ人といった）を区別したが、「土着化」――現地の言語を用い、地元の幹部を養成し昇進させる――がどこでも合言葉であった（たとえウクライナにおいて一九二〇年代にその実行者であったのが、農村での少年時代以来のさびついたウクライナ語を話すユダヤ人、ラーザリ・カガノーヴィチであったとしても）。

外国から観察していた者のなかには、ネップによってロシアが革命の狂気の発作から回復して通常に戻りつつあると期待を抱く者たちもいた。これこそボリシェヴィキの指導者たちが恐れたことだった――政治的に革命を勝ち取ったのは、ただ経済的、社会的にそれを失うためだったというような。帝政時代の債務（ボリシェヴィキは履行を拒否した）の一部を帳消しにすることを前提に関係を再構築しようと、西側から恐る恐る探りを入れる者たちが現れた。だが、レーニンは外国貿易問題については頑として譲らなかった。帝政時代のように、帝国主義者がこれを楔に用いて、ロシアを植民地の地位に押し戻す恐れがあるから、外国貿易は国家独占を維持しなければならないとしたのだ。外国貿易に対しこうした態度をとった当然の随伴物として、国境線はかたく閉じ続けられねばならなかった。それは、革命後の最初の数年に栄えた物資の越境密輸を防ぐためであり、――のちには危険な西側思想を阻止するためでもあった。自ら課した世界からの孤立は、ある程度まではソ連のほぼ全生涯にわたって続くのだが、その結果として、ある種の攻撃的な文化的島国根性がもたらされた。それはソ連を代表するような、自画自賛と西側に対する劣等感とのコンビネーションにおいて発揮された。

経済政策の緩和は政治の緩和ではないとレーニンは主張した。戦術的退却を行う軍のようなものにすぎないとレーニンは書いた。退却が敗走に転化せぬよう、規律は毅然としたものでなければならない。内戦が終わるまでに、国は事実上一党体制になった。それゆえ衝突の舞台となる可能性がいちばん高かったのは党それ自体であった。レーニンは革命以前にはボリシェヴィキ党内に大きな不一致が存在

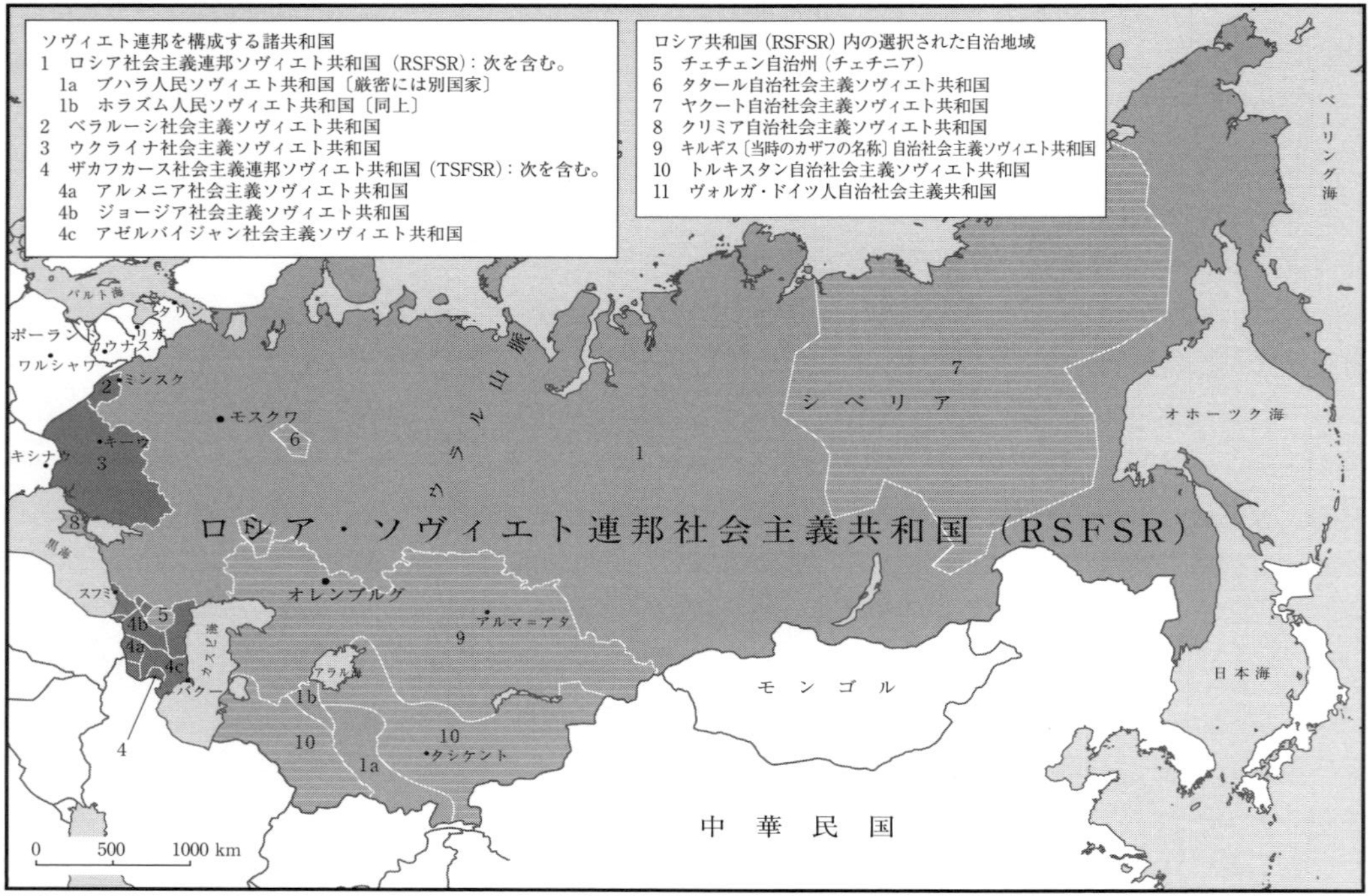
ソヴィエト連邦を構成する諸共和国
1　ロシア社会主義連邦ソヴィエト共和国（RSFSR）：次を含む。
1a　ブハラ人民ソヴィエト共和国〔厳密には別国家〕
1b　ホラズム人民ソヴィエト共和国〔同上〕
2　ベラルーシ社会主義ソヴィエト共和国
3　ウクライナ社会主義ソヴィエト共和国
4　ザカフカース社会主義連邦ソヴィエト共和国（TSFSR）：次を含む。
4a　アルメニア社会主義ソヴィエト共和国
4b　ジョージア社会主義ソヴィエト共和国
4c　アゼルバイジャン社会主義ソヴィエト共和国
ロシア共和国（RSFSR）内の選択された自治地域
5　チェチェン自治州（チェチニア）
6　タタール自治社会主義ソヴィエト共和国
7　ヤクート自治社会主義ソヴィエト共和国
8　クリミア自治社会主義ソヴィエト共和国
9　キルギス〔当時のカザフの名称〕自治社会主義ソヴィエト共和国
10　トルキスタン自治社会主義ソヴィエト共和国
11　ヴォルガ・ドイツ人自治社会主義共和国
ロシア・ソヴィエト連邦社会主義共和国（RSFSR）
ウラル山脈
シベリア
モンゴル
中華民国
ベーリング海
オホーツク海
日本海
バルト海
黒海
カスピ海
アラル海
ポーランド
タリン
リガ
カウナス
ワルシャワ
ミンスク
モスクワ
キーウ
キシナウ
スフミ
バクー
オレンブルグ
アルマ＝アタ
タシケント
0　500　1000 km

1922年のソ連。ソ連の全共和国、ならびに選択された自治地域を示す。

することを決して容認しなかったが、一九一七年と、権力について最初の数年は、一連の問題について否応なしにそれを容認せざるを得なかった――十月には権力を奪取すべきか否か（ジノヴィエフらは疑念を抱いていた）、一九一八年にはドイツとブレスト＝リトフスク条約を結ぶべきか否か（ブハーリンと「左翼共産主義者」は反対した）、内戦中には、赤軍において、適切な監督のもとで帝政時代の将校（「ブルジョア専門家」）を用いるべきか否か（トロツキーは賛成、スターリンは反対した）等々。

一九二〇年の末までに、派閥闘争は党内において確立された実践となっていただけではなく、原則にかかわる問題も生み出していた。「民主主義的中央集権派」と呼ばれるグループが、党内において民主主義をより多くするように主張したのに対して、レーニンはそうしたものはすでに多すぎると考えていた。もし民主主義的中央集権派が勝っていたら、党は組織された一連の派閥のアンブレラとなっていたかもしれない。それらの派閥は個別の課題について支持獲得を求め、全員が義務的であると受け入れるような投票によって結果が決まるというような――だが、こうした多元主義は大半の一般のボリシェヴィキの意向にはそぐわなかった。彼らは民主的であるよりも断固たるリーダーシップを望んでおり、指導部内に不一致があることを容認しない傾向があった。いずれにしても、レーニンはそのようなことが起こるのを許す気はなかった。第十回党大会で、レーニンは恥じ入ることなく自身の分派――スターリンと政治局員候補モロトフを含む――を動員して、分派結成を禁止する決議案「党の統一について」を押し通した。これによって、レーニン・グループは対抗者に対して使う有用な武器を手に入れた。今や対抗者は、分派禁止を破っているとして非難され得たのである。だが、この決議によって実際に党内分派が消滅したという結論に飛躍するならば、間違いとなろう。実際には、分派は一九二〇年代を通してそれまで以上に隆盛を誇り――スターリンが終止符を打つまで続いた。

アナトーリー・ルナチャルスキー（右）。初代教育人民委員（1917-1929）。秘書であり夫人の弟であるイーゴリ・サッツ（のちに『ノーヴィ・ミール』誌の編集者の一人）。1920年代半ば。

これからどこに行く？

一九二〇年代は多元主義と寛容の黄金時代として、郷愁を込めてしばしば描き出された。だが、当時は「黄金時代」とは感じられていなかった。不安の時代というのがよりふさわしかった。労働者は失業を心配した。農民は、特に年配の農民は、ボリシェヴィキが使う西欧化した語彙や馴染みのない参照枠組みに困惑した。カルロ＝マルス〔マルスは火星〕とは誰か？ Levoliutsiia とは何か〔同じくらい理解できない revoliutsiia〔革命〕の聞き間違い〕？ どうして町から来た若者たちは自分のことをコムソモルツィ〔コムソモール員〕と呼んで〔コムソモールは共産主義青年同盟の略称〕、聖職者を馬鹿にするのか？ レーニンが新しい皇帝だとしたら、どうして彼らはそのように呼ばないのか？ どうしてボリシェヴィキの「女性部」はちゃんとした農民や労働者階級の女たちを彼女たちの本来の領域から公共生活へと引っ張り出そうとするのか、またどうして男たちは今では自分の妻子をいわゆる「はがき離婚」(訳注2)によって見捨てることができるようになったのか？ 普通の都市住民――ボリシェヴィキが「プチブルジョア的俗物」と呼ぶ人々――は、ほとんど理解できない政治の嵐に打たれていると感じていたので不安であり、ボリシェヴィキが次に何をしでかすかを恐れていた。インテリゲンチャ（後年には「黄金時代」神話の宣伝者となるのだが）は当時は、ボリシェヴィキが自分たちを「ブルジョア」呼ばわりし、道徳的リーダーシップは自分たちに属するという主張も無視し、政治的監視なしには大学や国立劇場のような機関を運営させてくれないことに困惑した。芸術においては偉大なアヴァンギャルドの活気に溢れる時代であったが、芸術家同士の激しい派閥抗争の時代でもあった。競合する派閥は絶えず激しくいがみあい、互いを当局に告発しあった。

党員も不安でいっぱいだった。彼らはしばしば自分があまり準備のできていない管理業務をこなせるか不安だった。彼らは資本家のスパイや破壊活動、外国の軍事攻撃、悪質なブルジョアジーの復讐、クラークや聖職者やネップマンやその他の「階級敵」の影響に脅かされていると感じていた。彼らは「仮面の装い」をも恐れた。つまり、プロレタリアを装うブルジョア、貧農を装うクラークである――これはまったく然るべき恐れであった、なぜならばプロレタリアを贔屓して報酬を与え、ブルジョアジーを処罰するというボリシェヴィキの政策は、あらゆる種類の人々をそうしたまやかしに向かわせたのだから。彼らは高貴な「古参ボリシェヴィキ」の一群の内部における疲弊と健康悪化にも、青年のあいだでの幻滅と自殺にも、気をもんでいた。彼らはフランス革命のテロのあとで起こったような、党の「テルミドール的堕落」を恐れた。内戦のベテランたちは、戦争中の同志意識がなくなったことを寂しがった。戦闘に赴くには若すぎたコムソモールの熱情家たちは、党が戦闘的精神を喪失したと言い立てて、嘆き

（訳注2）革命前は教会が婚姻を管理し、離婚も簡単には認められなかったが、革命後には夫婦のどちらかが役所にはがきを出すだけで離婚できるようになった。

悲しんだ。

レーニンはその最後の歳月において、彼自身の不安を募らせていった。それは、党が、自らに課した巨大な課題を遂行するための能力と文化を備えているのかどうかということであった。いくつかの晩年の文章において、彼は十月革命が「時期尚早」であると嘆く一九一七年のメンシェヴィキにほとんど近づいているように聞こえかねなかった。しかし、彼はこの歳月には病人であって、病気を理由にして権力の魔法陣から事実上外されており、これがレーニンの悲観論の大きな原因となったことはまちがいない。レーニンは一九二〇年にはまだ五十歳だったが、彼の健康は一九一八年の暗殺未遂で生じた銃創の影響を受けてきた。一九二二年五月に、レーニンは発作を起こした。彼は仕事を続けようとしたが、十二月に二度目の発作があり、政治生活への関与はこれで終わりになった。一九二三年三月に三度目の発作があり、一九二四年一月二十一日にレーニンは死去した。

病に伏せていた二十か月、レーニンはモスクワ郊外の別荘で夫人と二人きりで過ごした。ロシアの後進性と党の低い文化レベルに対するレーニンの不安は、ほとんど強迫観念になった。大衆の受動性は、共産党員に全ての困難な仕事をまかせることになったが、共産党員自身が大抵の場合、十分な教育を受けておらず、その結果、異なる価値観をもつ政府官僚（旧体制の生き残りである）のなすがままになっていると、彼は心配した。「もし、責任ある立場にいる共産党員四千七百人がいるモスクワと、巨大な官僚機構、この巨大な山とを前にするならば、われわれは問わねばならない。どちらがどちらを率いているのかと」と一九二二年、レーニンはほとんど絶望して述べた。

この時期、レーニンがやはり非常に批判的になったこととして、党の「寡頭制的」傾向なるものがあったが、これはつまり、実際には、病気のために彼がもはや現役メンバーではない政治局によって、党が支配されているということを指した。歴史学者のなかには、こうしたレーニンの晩年の書き物を、レーニンが参加民主主義と多元主義に改宗した証拠だとする者たちもいる。こうした解釈の可能性は、ソ連共産党内部での将来の議論に枠組みを与える上で、大きな意義をもつことになるであろう。というのは、そのような解釈は、「民主的」レーニンなるものを、一種の対抗スターリンとして——抑圧的で恣意的な国家権力に対する合法性の擁護者として、引き合いに出すことを可能にしたからである（ポスト・スターリン期に彼がそうなったように）。それが現実のレーニンの正確な表象であったのかどうかはより疑わしい。弁証法に長けたレーニンは、いつも突然、議論のある側から反対の側へと切り替えを行うことができた。彼はたしかに、医師の命令で政治局の蚊帳の外におかれたことを深く恨んでいた。しかしながら、レーニンは自分がそれを率いていたときには、政治局の寡頭制に決して不満を述べたりはしなかったし、病気になってからの時期にさえも、分派の禁止を解除すべきであるとか、死に体に向かう一方のソヴィエトが政治生活への活発な参加を復活できるように奨励すべきであるとか示唆することはなかった。レーニンの晩年にまちがいなく再浮上したのは、学校や、読書き教室や、読書室と図書館を提供することを通じて、人民を啓蒙することに関する人文主義的な関心、彼と彼の妻——今やただ一人の話し相手となった——が常に共有していたものである。

後継者争い

彼の逝去以前にさえも、レーニンの病気は、指導者内部で分派闘争を引き起こした——分派の禁止とは何だったのか！——それは約五年続き、最終的にスターリンの新指導者としての台頭に帰着した。当初はそれは、指導権をめぐる争いではなく、政治局の統一を保つための闘争として概念化された。はじめ、統一の脅威と考えられたのはトロツキーだった――内戦の英雄で、大衆の人気において彼に勝るのはレーニンだけだったが、ボリシェヴィキ党に加わったのは遅く、フランス革命史の解釈に親しんでいた者たちにとっては、トロツキーこそがボナパルトとして現れ、革命を強奪する可能性が高いと考えた。スターリン、ジノヴィエフ、ブハーリンを含む政治局の残りの大半は、隊列を組んでトロツキーを締め出しにかかり、成功した。

レーニンはこうした争いに直接には関与しなかったが、二度目の発作直後、中央委員会に宛てて手紙を書き――レーニンではなく、歴史家には、彼の「遺書」として知られる――、トロツキー、スターリン、ジノヴィエフ、ブハーリンを含むさまざまな上級党幹部の能力を概観した。気のない賛辞と、批判とを、多かれ少なかれ平等に配分したこの文書は、最初に書かれたときには、いかなる潜在的指導者候補にも、裏書を与えたり、資格を奪ったりするものではなかった。だが、数日後、レーニンはスターリンについて追記し、スターリンは「あまりに粗暴」であり、党の書記長になるのに必要な資質を欠いていると書いた。この評価はクループスカヤとスターリンの諍いから引き起こされた。政治局は、新聞や公式文書をレーニンから遠ざけよという医師の命令が守られているかどうかを確認するという、ありがたくない任務をスターリンに与えたが、クループスカヤは何も知らせないままにしておくとレーニンをいっそう刺激することになると考え、従わなかった。スターリンがこのことでクループスカヤを罵倒したと耳にしたレーニンは、自分の妻を侮辱した男を相手にすることはできないという、きわめて非ボリシェヴィキ的な声明――若いころの行動規範のまさに正反対の――を発した。

レーニンの言明はスターリンを個人的に傷つけ――手紙が書かれたあと数日のあいだ、スターリンはモスクワを離れて別荘に一人で籠ったと言われている——彼にとってのかなりの政治的厄介ごととなった。だが、この言明がなされた当時には、スターリンは誰からも、おそらく彼自身は別として、レーニンの後継者として妥当だとはみなされていなかった。スターリンはジョージア訛りのある、特色のない舞台裏の人物で、書記長としてほかの政治局員が時間を割こうとは思わない退屈な組織運営上の任務をこなしていた。一九二三年から一九二四年にかけてのトロツキーとの戦いにおいてさえも、スターリンはトロツキーの挑戦から党の団結を守る「中央委員会多数派」なる政治局グループの一人にすぎなかった。このグループには、党レニングラード支部とコミンテルンの長で、おそらく自分がグループの指導者であると考えていたジノヴィエフと、党機関紙『プラウダ』の編集長で一九二六年にジノヴィエフからコミンテルンの長を引き継ぐことになる、人気があるが若くどちらかと言えば重みに欠けるブハーリンがいた。

後継者争いは一九二〇年代の分派闘争の底流にある基本問題だったが、公にそうしたものとして認められることはなかったし、党には指導者原理 Führerprinzip あるいはそれに伴う役職もなく、取って代わるべき個人的指導者も形式上は擁していなかった。だが、そのときレーニンが死去して、彼を当然神格化すべしと求める民衆の要望が溢れ出た結果、すべてが変化した——そうした要望は党の指導者の何人かによって取り上げられたのであったが、彼らから発していたわけではなかった。「レーニンは生きている」が時のスローガンとなり、彼の支持者はその遺産を引き継ぐように説かれた。無神論者である彼の未亡人と多くの彼の同志にとってはおぞましいことに、レーニンの遺体には防腐処理がなされ、クレムリンの隣の廟に安置された。レーニン崇拝が完全なかたちで開始され、そこでは暗黙のうちに、党は指導者（ロシア語ではヴォーシチ）を求めていると想定されていた。

継承は一九二〇年代の分派闘争の底流にある主要な問題だったが、政策問題もまた賭けられていた。それらのうちで何より重要なのは、党内で人気がある攻勢的政策を取るべきか、住民にアピールする融和的政策を取るべきか、ということだった。よそ者であるいくつかの集団――ネップマン、クラーク、聖職者、「ブルジョア専門家」、外国人資本家――に喧嘩をふっかけて、それを粉砕するために国家権力を用いることは、革命的アイデンティティと目的意識に関わる党の感覚を維持するうえでうまい戦略だった。だが、住民、とくに農民に譲歩を行い、彼らを獲得して体制をより堅固なものにしようとすることが、明らかに堅実な路線だった。一九二〇年代の大半に支配的となったのは後者のアプローチだった。

トロツキーとの衝突は、レーニンの存命中に、党の指導権ではなく政策問題をめぐって始まった。問題となっていたのは、党内において官僚主義が拡大しており、一般党員の意見が聞かれることがなく、小さな「古参ボリシェヴィキ」エリートが過度の権力をもっていることであり、レーニンが表明していた懸念に近かった。トロツキーが一九二三年に提示した「新航路」宣言は世代交代の呼びかけであり、党内で広範な議論を引き起こすこととなった。一九二三年から一九二四年にかけての冬に、来る第十三回党大会のために行われた代議員選挙は、地方党支部における本物の選挙キャンペーンに類したものとなり、一部の代議員はトロツキーの、他の代議員は「民主主義的中央集権派」(一九二〇年以来、党内民主主義の問題を取り上げてきた)のテーゼを支持したが、また別の代議員はジノヴィエフとスターリンの「中央委員会多数派」の線を支持した――これが勝ったのであるが、かなりの異論が見られた。

トロツキー派は「中央委員会多数派」に対する「反対派」とレッテルが貼られた。レーニンが自ら率いる社会民主労働党の少数派を「ボリシェヴィキ」と呼んだ一九〇三年のときと同じような巧妙なネーミングだった。ジノヴィエフ、カーメネフ、スターリンは今や三頭体制をなして権力を統御し、一九二四年半ばにジノヴィエフは政治局の支持のもと、「農村に面を向けよ」というキャンペーンを開始した。これは、より多くの経済的、文化的資源を農村に振り分け、プロレタリア権力は彼らの側にあると農民に確信させようとするものであった。ブハーリンはこのテーマを取り上げ、農民に「豊かになれ」と呼びかけた。これは、近代的精神を持つ裕福な農民のことを搾取を行うクラークと決めつけるのをやめるよう、共産党員に言外に懇願するものでもあった。かつては民衆的民主主義の砦であったが、今や衰退しつつあるソヴィエトを再活性化する動きもあった。数年にわたって、ソヴィエト選挙の候補者を地方党組織から指名された者に限定するというやり方が放棄された。党とコムソモール組織が統制を緩めた結果、地元民は自分たち自身の候補を自由に押したて、多かれ少なかれ彼らが好んだ人々に票を入れた。

こうして、一九二〇年代半ばには、党内でもソヴィエト内でも、民主主義の閃きが見られた。しかし、ソヴィエトの民主主義の実験はまもなく消滅し（あまりに多くの村民が、地方党組織が階級敵とみなす地方有力者を選出したがったから）、党の民主主義もこれよりましということはなかった。一九二四年五月に行われた比較的接戦となった疑似選挙のあと、スターリンは党書記局の長として、モスクワが承認した代議員を諸地方で選出することで、大会の構成を固めることに、より多くの努力を傾けた。諸分派が、両首都〔モスクワとレニングラード〕の外では、党内でわずかな勢いしか得ていなかったという事実によって、このことは促進された。地方の共産党員は政治局内の抗争を、「大貴族同士の紛争」という古くからのロシア的範疇でとらえ、反対派のことは特権を持つフロンド派(訳注3)と考えがちであった。

スターリンが地方党書記の任命を統御したこと――彼らはしばしば自分たちの地方から代議員として党大会に派遣され、その大会が中央委員会、それに最終的には政治局を選んだ――により、スターリンに大いに有利な方向で「権力の循環」が確立された。だが、こうした地方党書記たちには、単にスター

レーニン廟。クレムリンの壁を背に赤の広場に設置。1920年代、アレクセイ・シチューセフがつくった花崗岩造の霊廟。1950年代の写真。

リンの保護下で被護者の役割を果たすよりも大事なことがあった。彼らは「小スターリン」であり、彼ら自身の被護者からなる「ファミリー」に囲まれており、彼らなしではモスクワは地方を統治できなかった。たしかに、スキャンダルが繰り返し起こり、折に触れて粛清も行われたが、全体としては、党第一書記が自分の封地で持つ権力と、その封地のためにモスクワとロビー活動を行う者として持つ権力は、ソ連の全時代を通じて一貫して見られることとなった。

一九二〇年代半ばまでに、内戦の混乱ののちに経済が半ば常態に近い機能に戻るとともに、根本的な党の責務、すなわち工業化についてよより本格的に考えるときが来た。社会主義の前提条件を創出するために急速な工業化が必要であることには、誰もが同意していたが、それがどれだけ急速であるべきか、何千という新工場、炭鉱、水力発電計画、鉄道に投資するための資金はどこから来るべきかについては意見が割れていた。レーニンは外国投資について厳しく制限したが、時にはトロツキーを含めて、用心して外国投資を利用することに賛成する者たちもいた。だが、投資したいと思うような外国投資家がそもそもいるかどうか、また言うまでもないことだが、こうした政策が党全体を納得させられるかは不明瞭だった。五年前だったら、西欧での革命の勝利によってロシアがドイツやその他のより先進的な経済をもつ諸国といっしょになることで、ロシアの経済発展をどう切り盛りするかという問題全体が無意味になると期待することもできた。今となってはそんな期待は消え去り、スターリンが「一国社会主義」のスローガンを提唱したときには、彼はただ自明のことを述べていただけだった――ほかに提示できるような選択肢はなかった。

しかし、外国投資なしで工業化を開始しなければならないとしたら、資金は国内経済のどこかで見つけなければならなかった。あいにく、資金を持つ者（「搾取者」）の大半はすでに資産を没収されていた。「農民を搾り上げること」――すなわち農民が都市から購入する商品により多くの代価を払わせ、農民が市場に持ち込む商品にはより少なく支払うこと――が多くの者にとってうまい選択肢であるようにみえた。だが、これはジノヴィエフが好んだ「農村に面を向けよ」政策とまず両立しなかったし、あまりに多くの圧力を農民にかけると反乱につながる恐れもあった。

一年ほどあと、スターリンは反トロツキー三人組のうちの二人、ジノヴィエフとカーメネフを巧みに誘導して新反対派へと追いやった。新反対派は、現実の政治的影響力をもつためには遅きに失していた

（訳注3）十七世紀フランスにおいて、国家による中央集権化に対して、自分たちの特権を守るために反乱を起こした貴族たち。

が、トロツキーの反対派勢力と手を組んだ。諸分派の動きがますます複雑になるなか、さまざまな分派がどの政策を支持しているのかを見極めることはより難しくなった。トロツキーは総じて最大限主義者(「左派」)で、経済発展のための最も野心的で最速の計画を追求した。ブハーリンは二〇年代初頭には社会問題について急進的立場を取っていたが、方向転換して「右派」になった。スターリンはあるときには右派、またあるときには左派であるように見え、手をまずは左、そして右へと動かしながら、「党の路線は決して偏向しない」と述べるという、当時のジョークを思い出させた。

レーニン崇拝とともに、新たなたちの悪い崇拝が定着しつつあった――党と、その「路線」の正しさとの崇拝である。「党は常に正しい」という言葉がマントラとなり、まもなくすると、敬意を払われていた古参ボリシェヴィキが党の年次大会で、嘲り口笛を吹いてはやし立てる代議員たちの眼前で、惨めな謝罪を強いられるようになった。一九二五年にジノヴィエフの反対派に与したクループスカヤが野次に立ち向かい、謝罪を拒否し、党はまちがいようがないという考えを嘲笑いさえした――レーニン未亡人だからできたことだった――のは例外だった。

ロシア人党員七二パーセントに対し、ジョージア人党員一パーセントのうちの一人であるスターリンが、一九二〇年代末に指導者の地位という賞をものにしたのは、おそらく驚くべきことであった。スターリンのロシア語には訛りがあったが、彼は次第に自分をロシア人と考えるようになった。彼の二人の主な競争相手――トロツキーとジノヴィエフ――がユダヤ人であったことはもちろん大きく有利に働いた。トロツキー自身が認めるように、ユダヤ人が指導者になるというのは、国の一般の人々にとって、そしておそらく一般党員にとっても、野心的に過ぎた。純粋なロシア人であるブハーリンがより巧みな政治家だったら、スターリンに対抗するチャンスがあった可能性もあるが、ブハーリンが自ら動いたときには遅きに失していた。ユダヤ人問題がスターリンによって公然と利用されることはなかったが、それは恐らくは間違いなくスターリンの「一国社会主義」をめぐる党の論争を彩っていた。そこではトロツキーは国際主義者として、自らを追い込んでいた。もちろん国際主義はレーニン主義の核心をなす党の政策であった。だが、国際主義という言葉は言外にユダヤ性を示す意味合いを含んでいたのである。

ボリシェヴィキは階級敵に対しテロを用いることを厭わず、NEP時代に若干後退する以前の内戦期には、それを非常に自由に用いた。だが、フランス革命においてのように、「革命が自らの子供を喰らう」のを許す（すなわち、党内の反対派に対する武器としてテロを用いる）ことには強い反対の意を表明するのが常だった。レーニンの下、政策をめぐる衝突で敗れた者は党から追放されることはなく、申し合わせにより、チェカーとこれを継承したGPUは党の指導者たちに手を出さなかった。これが一九二七年後半になって変化した。指導的な反対派が党を追われ、反対派と袂を分かつことを拒否した者たちはGPUにより国内流刑となった。トロツキーの送られた先はカザフスタンの中国国境にあるアルマ＝アタであったが、奇妙な見落としによって、彼は全ての書物と文書を持っていくことを許され（文書はその後ハーバード大学のワイドナー・ライブラリーにおさまった）、国内のほかの場所に追放された支持者と精力的に手紙のやり取りを続けることが許された。二年後（一九二九年二月）、党の伝統を異常な形で破って、トロツキーはソ連——彼の故国——から革命の裏切り者として強制移送された。その十一年後、トロツキーはスターリンの刺客によりメキシコで殺されることになる。

尊大なトロツキーはスターリンをいつも軽蔑し、本物の政治的脅威とはなかなか思わなかった。スターリンは弁が立つわけでも、理論家でもなく（党内で高く評価された二つの分野であり、トロツキーが秀でていた）、ジョージアの正教神学校で教育を受けたのちにドロップアウトして職業革命家になった彼は、

モスクワのジェルジンスキー広場(旧ルビャンカ広場)。1958年、エフゲニー・ヴチェティチの立てたフェリックス・ジェルジンスキーの銅像がある。秘密警察本部の一部が右に見える。

トロツキーから見ると知識人でさえなかった。スターリンはコスモポリタンではなかった。何年間も亡命するかわりに、彼は監獄と国内流刑地で革命の修業時代を送った。彼の伝記には、一九〇五年にペテルブルグ・ソヴィエトを率いたとか、内戦で何もないところから赤軍を立ち上げるといった、際立つ業績がなかった。「遺書」のなかでレーニンが加えた肘鉄は重大な政治的つまずきとなっていた。スターリンは「灰色の染み」(回想記著者ニコライ・スハーノフを引用すると)だった。トロツキーがのちに主張したように純粋な「官僚主義の産物」だった。レーニンが病気のときにクループスカヤに対して取った乱暴な行動を謝罪したときに自分で認めたように、「粗野な人間」だった。トロツキーはスターリンに対して丁寧であろうとすらほとんど努めなかったし、まして彼の支持者たちに対してはそうだった。このグループは一九二〇年半ばからは幾人かの政治局構成員を含んでいた。とくにモロトフ、元赤軍騎兵クリム・ヴォロシーロフ、ウクライナの党の第一書記で政治局員候補のカガノーヴィチがそうである。

トロツキーの軽蔑は——一九九〇年代にソ連のアーカイヴが公開されるまでは、歴史学者も一般に同じように考えていたのだが——ひどく的外れであった。スターリンは凡庸ではなかった。愚かでもなかったし、誰の創造物でもなかった。一九二〇年代の政治論争においてほかの者がよりきらびやかな役を演じたとしても、進むべき道について単純な結論にたどりついたのはスターリンだった。レーニンは十月の政治革命で党を勝利に導いたが、経済革命——マルクス主義者の基準ではこれが決定的であった——はいまだ始まっていなかった。スターリンがそれを導くことになる。

第三章　スターリニズム

もしソ連が依然として第二の革命、すなわち経済革命を必要としていたならば、それはどのようにして遂行されるべきだったのだろうか？　明らかに、一九一七年のときのように自然発生的に街頭に出てきた民衆によってではなかった。この革命は計画されていなければならなかったし（何と言ってもその目的は中央集権化された経済計画化の理念を実現することにあった）、モスクワから指導されていなければならなかった。歴史家はそれをしばしば「上からの革命」と呼び、「上からの」という側面を強調した。これはきわめて正確であったが、それはただ「革命」という側面も見落とされない限りにおいてであった。スターリンの経済刷新プログラムにおいて特別であったのは、実際のところ、それが擬似革命的手段によって遂行されたことであった——その目的を達成するために、スターリンは党とその支持者を、住民の他の部分に向けられた暴力へと動員した。

計画され、国家が資金を出す工業化のプログラムを、「階級敵」や「外国投資家」に対する革命戦争であるかのように提示するのは奇妙に見えたかもしれない。だが、スターリンはつまるところ革命家なのであった。暴力、それに階級的憎悪を煽ることは、彼がやり方を心得ている事柄であった。党もまた、そのやり方を心得ていた。この手法は経済的合理性という点では無駄が多かったが、党が軍事的な精神志向をもち、内戦において形成されたことを考えるならば、独自の政治的合理性があった。

スターリン自身がそのように呼んだ、一九二九年から三二年にかけての「大転換」には、三つの側面があった。一つ目は無理やりのペースでの工業化で、国家計画機関が作成した「五か年計画」にしたがって実行された。二つ目は農業集団化である。三つ目は「文化革命」で、この言葉は一九六〇年代に中国共産党が再演するはるか以前にソ連が考案したのだった。計画のこれら新しい三つの側面の全てを取り巻く暴力は、非共産党員である住民を威嚇して、従わせることに役立った。だが、その目的は、スターリン自身の部隊——共産党員、共産党青年団、「意識的な」都市労働者——に、この時点では彼らがなお本当にやりたいと望んでいたことをやらせることで、結集させることでもあった。その望んでいたこととは、彼らが敵とみなした人々に攻撃を仕掛けるということであった。

時代のアイコンとなったヴェーラ・ムーヒナ作の像「労働者とコルホーズ農婦」。1937 年、パリ万国博覧会のソ連パビリオンで最初に陳列。

国内危機の際によくあるように、行動を刺激するために外国の脅威なるものが引き合いに出された。西側資本主義列強（確かに敵対的ではあった）がいかなるものであれ、ソ連に対して差し迫った軍事計画を準備しているという実際の証拠はなかったが、ソ連の新聞は何か月にもわたって戦争の恐れについて書きたてた。文化革命——文化領域での「ブルジョア支配」を打倒するための運動であるとして概念化されていた——は、これと結び付けられた。というのは文化革命が開始されたのは一九二八年初め、産業サボタージュと外国諜報機関のためのスパイ活動の咎による、技師たち（ブルジョア専門家）の演劇的に公開された見世物裁判によってであったのである。これにより工場内で「破壊者」である技師たちに対する魔女狩りが始まった。彼らの特権的な社会的地位は労働者によってしばしば憎まれていたのである。

スターリンの革命の経済課題の中心にあったのは、農業集団化ではなく工業化だった。集団化は実際のところ二次的な対象であって、予想される農民の抵抗のことを考えると、慎重になってもっとあとになるまで手をつけないでおいてもよかっただろう。だが、一九二八年にソヴィエト共産党での議論に勝ったのは、階級戦争の至上命令であり、慎重さではなかった。初めてのことではなかったが、農民とソヴィエト政府は農業商品の価格をめぐる争いにはまり込んだ。国家は買取り価格を引き上げることができたはずであったが、経済学者のあいだの伝統的な知恵によれば、工業化の資金を確保する唯一の方法は農民を「搾り上げる」ことであった。短期間の、滅多にない首都の外への出撃において、スターリンは自分の目で状況を視察するためにシベリアに出向いた。スターリンは「クラーク」が市場に穀物を出すのを控え、価格を引き上げようとしている、これは政治的サボタージュとなっているというニュースを持ち帰った。「隠匿」に対する新たな罰則が導入された。するとより多くの農民の抵抗が起こった。一九二九年冬に開始された全面的集団化計画は、新たに編成された集団農場を法的に認められた唯一の穀物の売り手とし、国家を唯一の顧客とすることによって、一気に問題を解決することを目指していた。クラーク問題もまた、クラークを村から追い出すことによって決定的に解決されることになるであろう。

その一方、都市部では都市経済を非私有化するキャンペーンの中で、もう一つの階級敵が包囲された。GPUの助けを得て、ネップマンと小規模商人および製造者が事業から締め出された（そしてまたしばしば監獄に送られた）。これもまた、国家に独自の小売網を性急かつ事前の計画ほとんどなしで確立するよう求めるような、向こう見ずで熟慮されていない政策の一つであった。その結果は、物不足、配給（これもまた住民に戦時危機を伝える措置であった）、それにそれらの随伴物である、闇市場の急成長であった。

集団化と文化革命

集団化は自発的な過程であると想定されていた。だが、村落には集団化に向けてのいかなる自然発生的な願望の兆候もわずかであり、集団化プログラムには「脱クラーク化」と呼ばれる並行過程を通じて暴力が織り込まれた。「脱クラーク化」の意味するところは、クラークというレッテルが貼られた人々の土地と住居が没収され、「クラーク」自身はGPUによって強制的に移送され、ソ連内の遠隔地に再定住させられるということだった。スローガンは「階級としてのクラークの絶滅」だったが、貧農の労働を搾取する昔ながらのクラークはわずかしか村落には残っていなかったので（部分的には、一九二〇年代に、そうした実践を抑止するための努力がなされたことの結果であった）、村にいる不人気な人物には誰でもそうしたレッテルが貼られ、然るべく処罰された。共産党員と都市部の志願者からなる部隊が集団化を組織するために村落に派遣された。集団化を組織するとは、断ればクラークとして村から追放されると暗に脅して、コルホーズ（集団農場）に参加するよう農民を説得することを、おのずから意味した。参加の署名を行うと、伝統的に個人世帯に属していた地条を今や整理統合してつくられる集団耕地を耕すため、農民は彼らの馬を手放すように求められた。集団化推進者はときにほかの家畜も取り上げた。

計画化をめぐる同時代的な興奮にもかかわらず、集団化は事実上準備なしで始められた。その過程はおおむね大急ぎで進められた。集団化推進者にも農民にも明確な指示は与えられず、集団用の厩舎といった必要な設備も準備されてはいなかった。事態が悪化すると、スターリンは度を越えて熱心に取り組んだ地方官吏を非難した。ソヴィエトのプロパガンダは、集団化を小規模農業から大規模農業へ、古い手作業による技術から機械化した近代技術への移行であると表現した。だが、トラクターもコンバインも行き渡るほど十分にはなかったし、農民はその使い方を知らなかった。加えて、「巨人」などといった名前をつけて、巨大な新集団農場を宣伝したにもかかわらず、一般に既存の村より大規模な、機能する農業単位を設立するのは難しく、それゆえ、小規模な農場が（静かに）それでよしとされた。

集団化は全国的に強制されたが、地域によりさまざまな違いがあった。カザフスタンでは、土着の人々が今なお主として遊牧生活をしていたが、そこでは集団化は強制的定住化の随伴物であり、大規模な抵抗や、国境を越えた中国への逃亡を引き起こした。穀物というより果樹栽培、ワイン、工芸作物が農業の中心となっていたジョージアは、ラヴレンチー・ベリヤを含めて現地共産党指導者が保護に努めたこともあって、通常より穏やかな扱いを受けた。さまざまなエスニック・グループが入り混じった地域では、多数派のエスニック・グループが、たとえばドイツ系農民といった比較的裕福な少数民族グループにクラークのレッテルを貼ろうとすることがあった。強制移送されたロシア人とウクライナ人のクラークをカザフスタンのようなところに放り込むことにより、さらなるエスニック・グループ間の緊張が生まれた。

全農民世帯のうちの約四パーセントを構成する五百万人から六百万人の農民が、脱クラーク化の犠牲になった（財産没収という危難に追われ都市に逃亡した農民も含む）。自分たちの地域外に強制移送された二百万人のうち、多数は未開墾の僻地に改めて定住し、かなりの規模の少数派は、新たな工業建設現場で働くよう送り込まれた。ヨーロッパ・ロシアでは大規模な反乱はなかった。出し抜けのテロルという極端な措置は、大半の農民に対する十分な抑止力になった。しかしながら、怒りと受動的抵抗は広範に存在した。農民は自分たちの家畜を引き渡さず自ら屠り、調達割当ての納入を回避するために穀物を隠匿した。集団化はアンチキリストの到来であり、集団化推進者は女の髪の毛を切り落とし、共同結婚制度を導入するのだという噂が広がった。農民の女たち（男たちより逮捕される可能性が小さかった）のグループが集団化を推進する者たちのあとに続いて村を周り、誇示するように泣きながら賛美歌を歌うというのが、よく見られた抵抗形態だった。

集団化のなかで最も顕著な側面の一つは、ロシアとウクライナの農村において聖職者と教会に対し、また国のほかの地域では仏教とイスラム教に対し、並行的に行われたキャンペーンだった。これは「階級戦争」の暴力が集団化の過程の有機的な一部であったことを明らかに示していた。というのは、彼らの伝統的な農業と商業の慣行を変えるように農民に説得しようと真剣に望むいかなる者も、地元の教会やモスクを攻撃することによって追い討ちをかけたりはしないはずだからだ。だがこれが、都市のコムソモール部隊が「集団化」するためにやってきて、大はしゃぎで教会を凌辱し、墓地を掘り返し、骸骨の周りで踊り、教会の鐘を「工業化のためのくず鉄」として奪ったときに行ったことにほかならなかった。その一方で、ＧＰＵは黙って聖職者を逮捕し、「クラーク」とともに内奥部に強制移送した。教会に対してこうした襲撃が行われる前のロシア農民のキリスト教信仰の深さについては議論のあるところだが、迫害がそれを再強化したことはまちがいない。都市の集団化推進者について言えば、農民を憐れ

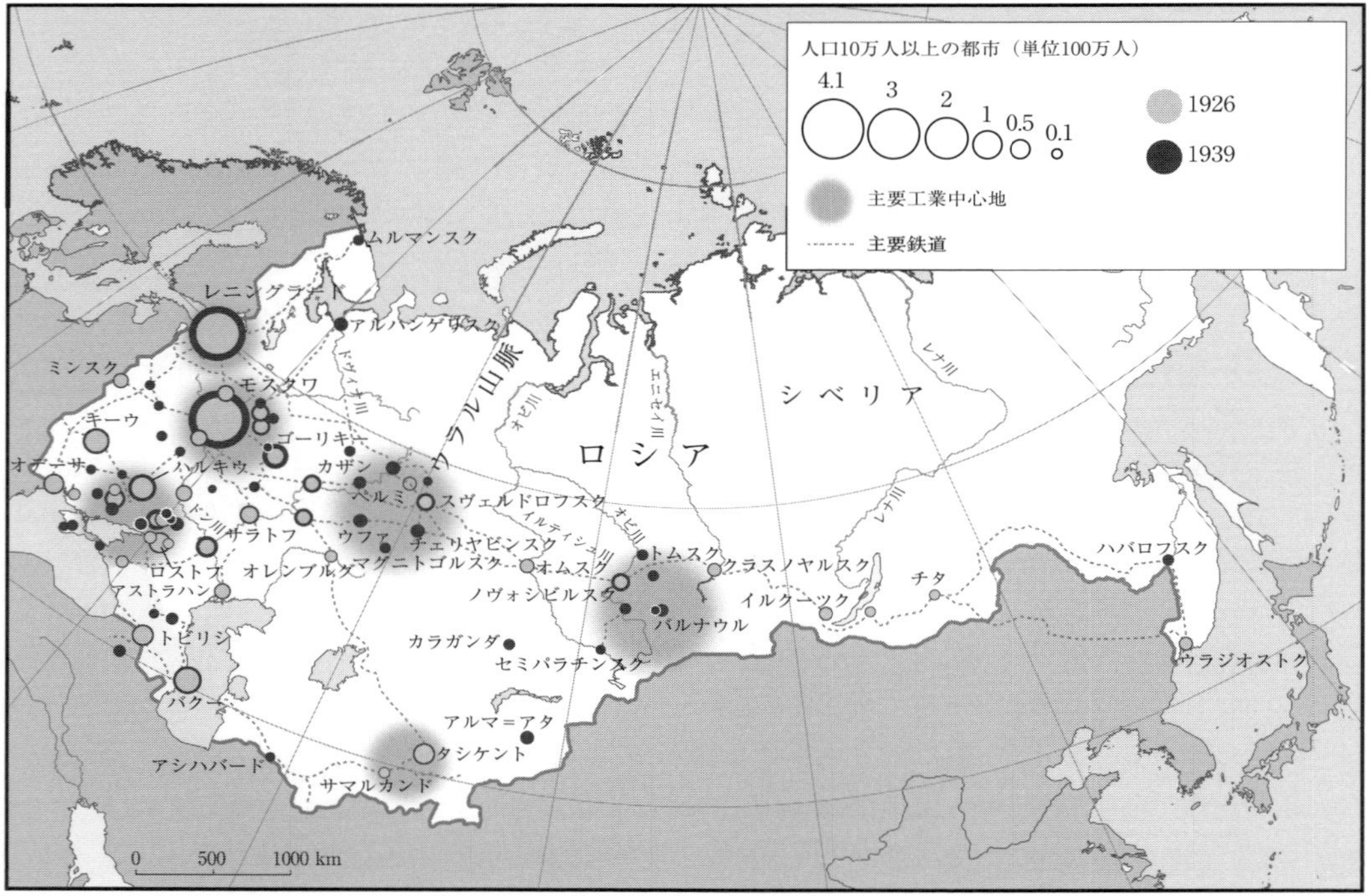

第一次五か年計画（1928-1932）下の工業建設現場

に思った者もいたが、多くは農村の階級敵の脅威を信じていた。とくに怒りをあらわにした農民から手当たり次第撃たれたり、夜にこっそり待ち伏せされて川に投げ込まれたりした場合にはそうだった。これは火の洗礼（と言ってもそれほどの火ではなかったが）であり、共産党の神話における内戦闘争の英雄神話に連なるものとなった。

1930年代の多文化主義。1936年、ジョージア人のヨシフ・スターリンとロシア人のクリム・ヴォロシーロフが中央アジアのローブを着ている。このローブはトルクメニスタンとタジキスタンの受賞した集団農場農民からの贈り物。軍の上着を着て右にいるのがセルゴ・オルジョニキーゼ。

大小の都市では、文化革命はカーニバル的なものからカリキュラム的なものまでさまざまだった。のちの中国の文化大革命のときに、紅衛兵が生きている犠牲者に対し、できの悪い生徒に罰としてかぶらせる円錐形の帽子をかぶせ、街頭をパレードさせたほどまではいかなかったが、ソヴィエトのコムソモールもパレードを行い、僧侶やネップマンの人形を罵倒し、ときに燃やした。「軽騎兵」と呼ばれるグループが政府の仕事場に侵入し、書類をあたりにばらまいて、事務員を「官僚」と罵った。中央アジアでは、女性の顔を覆うベールをはがす行為がより強制的かつ広範になった。大学の学生は集会を開き、「ブルジョア」の教授を非難した。教授は自分が犯した政治上の罪を公けに告白し、マルクス主義のテキストをシラバスに入れることを約束しなければならなかった。文化革命推進者が行ったあまりにひどい行為は、党の指導者から譴責を頂戴することもあったが、総じて大義名分のある「行き過ぎ」とみなされた――伝統を打破しブルジョアジーを文化的に優位な立場から引きずり下ろすということの。若い共産党員が熱意を込めてこの任務を遂行したことはまちがいない。当時状況を見ていた者が述べているように、若い共産党員は「束縛から解き放たれ」たくてうずいていた。

文化革命のよりアナーキーではない側面の一つは、一九二〇年代後半に優先度が高かった、労働者、貧農、「後進」エスニック・グループのアファーマティヴ・アクション（時代錯誤的な言葉を使うならば）の推進であった。女性もアファーマティヴ・アクションのリストに載っていたが、この時代には優先度が低かった。この時期には中央委員会の女性部も解散となっている。アファーマティヴ・アクションが意味するものは、管理職への直接の昇格と、高等教育機関・技術学校への優先的な入学の両方であった。後者の場合には、いかにも文化革命流に（だが、教育界上層部の苦悩なしではなかった）、ブルジョア、クラーク、聖職者出身のすでに在籍している学生の追放を伴った。アファーマティヴ・アクションは一九三〇年には国際的には新しい発想であった。当時の英語にはこれを表現する言葉さえなかったのである。マルクス主義理論家はこのプログラムを軽蔑したかもしれない。労働者は自分の階級を去りたいと思うべきではないのだから。しかし、労働者階級、農民、非ロシア人の家族は上昇の機会をありがたく受け入れた。将来国の指導者となるニキータ・フルシチョフとレオニード・ブレジネフは、諸共和国における地元出身の多くの指導者たちと並んで、感謝を抱いた受益者の中にいた。

工業化

第一次五か年計画はソ連にとって（そして、ソ連の宣伝者が繰り返したように、世界にとって）最も早い時期になされた全国規模の経済計画化のための努力であった。それは重工業、とくに鉱業、冶金業、機械建設業の急速な発展に的を絞っていた。この野心的計画は過去五年間に行われた工業への国家投資を二倍にして、戦前レベルの生産高の三倍を実現するというものだった。資本をどこで獲得するかという問題は、満足のいく形では決して解決しなかった。短期的には、農民の集団化は、経費が予想より大きく、収益が得られるのは遅かったから、「搾り取る」うえで効果的な手法とはならなかった。国家によるウォッカ生産の増大（スターリンがモロトフに一九三〇年に書いたように、軍を拡大する費用を賄うのに必要だった）がギャップを埋めるのに役立った。都市部における生活水準の、突然で計画外の下落も同様であった。

投入すべき資本をそれほどもっていなかったので、ソヴィエト国家は安価な労働を投下した。初めて労働人口に加わった女性――この時期の女性解放の主要な焦点だった――が一つの重要な源であった。一九三〇年代に約一千万人の女性が有給雇用者となった。都市の失業者がもう一つの予備人員となった。だが、第一の労働源として汲み出されたのは農民だった。クラークの強制追放はこの過程に主要な寄与をなし、GPUはグラーグの労働収容所の拡大するネットワークとともに、工業への鍵となる労働力供給者となった。加えて、何百万という若い農民が集団化の時期に村を去り町に赴いた。脱クラーク化から、あるいはコルホーズから逃げた者たちもいたし、単純に都市部で新たに生まれた職の機会を求める者たちもいた。第一次五か年計画の時代には、村にとどまってコルホーズ員となった農民三人につき一人が村を去り賃金労働者になった。一九二八年から一九三二年だけで、異常ともいえる一千二百万人が永遠に村を去り、町に移住した。

あえて指摘すれば、集団化はソ連では十八世紀と十九世紀のイングランドで行われた囲い込み運動と同じ機能を果たしていた。囲い込みはマルクスが書いたように、容赦なく農民を土地から追い立て、産業革命のための労働力を提供した。どの程度までこの結果が予期されたものであり、体制の集団化戦略の一部をなしていたのかははっきりしない。とにかく、スターリンは説明していない。農村の貧困を廃絶するために集団化が成功を収めたことを祝う、極めて虚偽に満ちた演説のなかでスターリンは、コルホーズの魅力のおかげで、農村から都市へ向かう伝統的な「農民の逃亡」は過去の話となったと主張した――ソヴィエトの都市人口が四百万人増加した年にである。

第一次五か年計画とこれに続く計画を立案するにあたり、国家が建設すべきはどのような新しいプラント、鉄道、水力発電計画であるかについて、またこれらを建設する場所はどこにすべきかについて大きな議論があった。これはあまり気づかれてはいないが西側の利益誘導政策とどこか似ているところもあった。いちばん熱を帯びて長く続いた議論のひとつは、より近代的なインフラを備えているものの西部国境に不適当なまでに近すぎるウクライナの発展に集中するのか、産業の基盤としては近代化していないが、地理的により安全なウラルの発展に集中するのかであった。ソ連の計画立案者と政治家が長いあいだ想定していたのは、シベリア、中央アジア、カフカースなど、国のなかで産業の発展が遅れた地域を優先すべきだということだった。だが、安全保障を含め、緊急性を競う優先事項があった。国の防衛能力の創出が第一次五か年計画の主要目標の一つとされると、スターリンは、非スラヴ地域ではなく

幸せな集団農場の生活（1931年）。F・F・コンドラトフがモスクワ労働者青年劇場で舞台にかけられた演劇「亜麻」のために描いたポスター。

ロシア／ウクライナの心臓部を国防関連のプラントの場所とする方向に傾いていた。しかしながら、こうした選択を行うのはスターリンだけではなく政治局であって、その決定過程は自分たちが贔屓にするプロジェクトのため、共和国と地域から強力で継続的に行われるロビー活動を含んだ。そうしたロビー活動が——もっと一般的に言うと、モスクワにおいて地域の利害を代表することが——共和国および地域の第一書記の重要任務となった。政治局のかなりのメンバーも、予算の確定に際しては擁護しなければならぬ自分の領域をもっていた。重工業人民委員で、スターリンの仲間のジョージア人であるセルゴ・オルジョニキーゼの場合はとくにそうである（そして彼が最も成功していた）。

　まったく何もないウラルの真っただ中に建設された大冶金コンビナート・マグニトゴルスクは第一次五か年計画の神髄といえる建設

プロジェクトで、その多くの矛盾を体現していた。マグニトゴルスクはGPUの警護下にある受刑者と強制移送されたクラークの労働に大きく依存し、もっと健康に良い地域から移された「破壊活動を行った」技師と、新たに訓練を受けた共産党員もともに働いた。マグニトゴルスクは、「自然を征服して」、何もないステップにソヴィエト工業を建設するための不利な戦いに挑むという情熱に燃える、若いコムソモールの志願者のメッカでもあった。マグニトゴルスクは典型的なフロンティアの町で、困難が満ちているものの冒険と同胞意識に溢れ、人々の出自が問われない場合が多く、かつてのクラークの息子がスタハーノフ運動（生産ノルマを超過達成する）労働者になって、コムソモールに加わることもあり得た。正確に青写真において描かれた形ではなかったかもしれないが、「新しいソヴィエト人」がここで練成されつつあった。

ソヴィエトの新聞には豪語という独自の文化が出現した。社会主義建設における国の「達成」（一九三〇年代のキーワード）が毎日高らかに宣言された。かくも多くの鉄鉱石が採掘された、かくも多くの高炉が稼動した、かくも長距離にわたって線路が敷設された、かくも多くのキロワット時の電力が新しい水力発電所でつくられた、というように。「ボリシェヴィキが攻め落とすことのできない要塞はない」と、軍事的な比喩のひとつを用いてスターリンは述べ、これはいたるところで見られるようになった。だが、途上では多くの「待伏せ」や「戦術的後退」も起こった。ソ連における計画化とは、この時点においては、競い合うプロジェクトのなかで優先順位を決め、生産目標を定め、「それを超過達成する」よう企業に督促することを意味した――特定のトラクター工場がタイヤ用のゴムをどこで仕入れるかを詳細に詰めることではなかった。その結果、工業企業には、必要な物資を探し出し、確実に自分のところに発送されるようにするために、プラント所長が裏金を使って雇う、「代理人」の非公式の大群が存在した。

工業の原材料よりも、食糧と消費材の不足はいっそう深刻であったので、ソヴィエト市民は同様のスキルを最大限の努力を払って磨いた。「百ルーブルあるより百人の友だちがいた方がいい」とはソ連の言い回しである。「コネクション」によって材にアクセスするのが重要で、そのために支払う金を持っていることは二の次だった。これはコルホーズから来た友人にジャガイモと交換で靴の上に履くゴム製の防寒靴をこっそり手渡すことができる靴工場の労働者にも、地区党書記や学者にも同様に当てはまった。「誰のところに行くの?」と警察長官ニコライ・エジョフの妻が、エリートのリゾート地でたまたま出会った詩人オシップ・マンデリシュタームの妻に尋ねた。彼女が言いたかったのは「あなたのパトロンは誰なの?」ということだった。高潔な心を持つナジェージダは最初この質問を理解できなかったが、夫は理解して説明した。「私たちはニコライ・ブハーリンのところに行きます」。

結　果

最初の二度の五か年計画は工業的なブレークスルーをたしかに実現した、厖大なコストがかかって莫大な無駄が出たわけではあったが。ソ連の数字は、一九二八年から一九三二年にかけて工業生産の総量が二倍になり、次の五か年計画の時期にさらに二倍になり、一九二八年から一九四〇年にかけての平均年成長率は約一七パーセントであったと主張している。西側の(それに一九八〇年代の修正派のソヴィエト経済学者の)分析では、年成長率は一〇パーセントに近い程度としているが、それでも大変印象に残る数字である。石油、石炭、トラック、トラクターといった生産指数のなかには、第一次五か年計画の最後までにすでに急激な上昇を示していたものもあった。だが、最初の計画の努力の多くは銑鉄、圧延といったリソースを生産するプラントの建設に注がれ、それらは一九三〇年代の半ばまでは作動していなかった。生産が上昇した唯一の消費材はウォッカで、一九三〇年代半ばまでに総国家収入の五分の一を占めた。

第一次五か年計画中に完全雇用が基本的に達成され、失業は続く六十年間、ソ連の社会問題のレパートリーから消えた。だが、資金を重工業に振り向けたため、社会福祉プログラムは慢性的に資金不足となり、総じて恩恵を受けることができるのは都市部の賃金・給料稼得者に限られ、実際には、重要産業の労働者のような特権的なグループに限られることが多かった。

工業生産の地理的な配分という点では、ウラル、シベリア、中央アジアはシェアを著しく上昇させた（中央アジアの場合には出発点がごく低かったのだが）。ソ連は今なお西側資本主義の競争相手に比べてはるかに遅れていたが、日本と同じレベルに自らを引き上げた。何人かの経済学者が論じているように、もっと穏健な方針で臨めば同じ結果を無駄なく達成できたということはあり得る——だが、それは穏健な政治文化を持つ国だけがおそらくできることだった。

大失敗は集団化だった。それはソ連農業を何十年にもわたって遅らせ、農民を疎外し、都市部の食糧不足を慢性的なものとした。スターリンの死後、非難すべきは集団化そのものではなくその「行過ぎ」であるとソヴィエトの政治家は言うことになる。だが、行過ぎ自体がパッケージの一部なのであった。短期的には、集団農場に課された高い調達目標は、この国の主要な穀物生産諸県に最も大きな打撃を与えた。今日のウクライナ政府は、ウクライナで「ホロドモール」として知られるこの飢饉は、ウクライナ人を殺すためにスターリン側が仕組んだ意図的な計画の結果だったと主張している。しかしながら、結果はロシア南部とカザフスタンでも同じくらい壊滅的であった。スターリンが実際農民を殺したいと思ったというのはあり得ないように思える。むしろ、スターリンは春の種蒔きまで生き残っていた農民生産者に合致するような量の最大限の穀物を、国家が農村から得ることを望んでいた。問題はその量がどれだけなのか誰も知らなかったことだった。そしてスターリンは最大限を追求するように地方官吏に確かに強要し、農民のもとにはこれ以上隠している蓄えはないと言われても聞く耳を持たなかった。農民が「飢饉を演じている」「荒廃したふうを装っている」といった異様なレトリックがソヴィエトの言説に入り込み、農民がふりをしているのではなく本当に死にかけているのだとスターリンがようやく納得させられたころには、遅きに失していた。一九三二年から一九三三年にかけての冬、餓死を逃れようとした農民に対して都市への流入は阻止されねばならず、春が来ると播種用に国家の備蓄から穀物を送ってやらなければならなかった。餓死（何十年後までソ連は認めなかった）は五百万人以上になると算定されてきた。飢饉は深い傷を残したが、半世紀にわたって公けに語ることは許されず、ようやくペレストロイカになって、ウクライナ党書記のウォロディミル・シチェルビツキーがウクライナ・ソヴィエト共和国創設の七十周年にあたり沈黙を破った。

「勝利者の大会」

重要政策を議論し、中央委員会と政治局を選出するために全国党大会を毎年開くことを定めた慣習に反し、一九三〇年と一九三四年の間に大会は一度も開かれなかった。一九三〇年、第十六回党大会では、ブハーリンと、レーニンから政府の長の地位を引き継いだアレクセイ・ルイコフとが率い、集団化と工業化に対するより穏やかなアプローチを弁護していた「右派」分派が、比較的あっさり敗れた。これは党内にある最後の公然たる分派であり、レーニンが一九二一年に出した分派禁止令が長く遅れた末に執行されたことを意味した。このあとはいかなる分派組織も小規模かつ陰謀組織とならざるを得ず、蕾のうちにすぐ摘み取られた。規模を増しつつあるスターリン崇拝が、同じ頃に出現した。そこでは政府のあらゆるイニシャティヴがスターリン個人に帰されたし、幸福な子ども時代から綿花計画の地方規模での超過生産にいたるあらゆることについて、ふんだんにスターリンへの感謝がなされた。レーニンと同様、といっても彼ほど真剣にではなかったかもしれないが、スターリンも個人崇拝を公けに否定した。彼は、皇帝を戴くことに慣れている大衆の素朴さに崇拝の理由を帰し、外国のインタビュアーを前にしては控え目で質素な人間であるように振舞った。

党員数が今や二百万人に近づいた党を代表する第十七回党大会は、「勝利者の大会」と自称した。だが、それはかろうじて得た勝利であった、飢餓がようやく終わったかどうかというところで、そもそも勝利と言えればの話であるが。党エリートのなかには、集団化の結果生じた農業問題に対し、内心スターリンを非難する者が数多くいたにちがいなかった。常に疑い深いスターリンだったが、一九三二年終わりに妻が自殺したことにより、その機嫌はいっそう悪くなっていた。「偉大な指導者で教師」に対する献辞はいたるところにあったが、誰もが自分のことを愛していると彼に確信させることはできなかった。スターリンから見ると、不満はあるはずだった――問題はそれがどこにあるかだった。発見して根絶しなければならないのだから。そのための道具は存在した。治安機関（一九三四年に内務人民委員部と改称していた）の権力と権限は、クラークとネップマンに対するキャンペーン、およびグラーグの成長によって、大いに拡張していた。

スターリン、親しい仲間とくつろぐ—左から二番目と三番目、ヴャチェスラフ・モロトフ、ヴァレリアン・クィブィシェフ。前列、セルゴ・オルジョニキーゼとたぶん写真がぼけているセルゲイ・キーロフ。ソファーにいるのがディミトロフとスターリン。右端、スターリンの後ろにいるのがクリム・ヴォロシーロフ。1934年。

今や「戦争」に勝利を収めたスターリンと党指導部は、常態への復帰という理念を精力的に打ち出した。もちろんこれは新しい常態だった。村落は集団化され、煙突から煙を出す工業が国中に広がり、何もないところから都市が出現し、昨日までの農民でいっぱいの労働力が存在し、警察が存在感を増し、いっそうのテロルが依然可能性を漂わせていた。「生活はよりよくなった、同志諸君。生活はより楽しくなった」というスターリンの新しいスローガンは、事実を願望によって代用していたのかもしれなかったが、少なくとも励ましを与えるような意図の宣言ではあった。配給は廃止となり、新しい国営「商業」店舗には——価格のついた——商品があった。農民世帯は個人地で非穀類作物を栽培し、牝牛を一頭所有することが許された（だが馬はまだ持てなかった）。以前にはブルジョアの遺物として非難されたクリスマスツリーが許され戻ってきた。結婚指輪、スーツが再び店に現れた。逮捕された技師がひそやかに釈放され、多くはそのまま昔の職場に戻った。学生は教室に送り返され、再び教授に礼儀正しくしなければならなくなった。労働組合は、経営側から労働者を守るという昔の役割から、休暇や休息の家といった労働者の福利厚生を提供し分配するという新しい役割へと、機能を再考するよう促された。労働組合はサッカーチームを運営することさえできた。

多くの人々の記憶のなかでは、一九三〇年代は青少年期を送るには素晴らしくわくわくする時代だった――冒険の期待（「自然を征服」し、「社会主義を建設」するために遠い地方に旅立つ）と、平凡さから自分の人生を高めてくれる集団的な目的の感覚があった。目的感覚と平凡さの蔑視は文学と芸術に反映することが目された――作家は今や「人間の魂の技師」であると定義された。「社会主義リアリズム」が手法として推奨された。それは、輝く未来の輪郭を、乱雑で混乱しがちな現在の中に見出すことができる能力を意味した。「社会主義リアリズム」は様式上は、大衆がかんたんに理解できる伝統的な形式と、前衛的なひねりの回避となった。この新しいポスト文化革命期の規範には、創造力のある芸術家や一般にインテリゲンチャにとってプラスとマイナスがあった。どのように書き、描くべきかに関する訓戒めいた指示はマイナスであったが、書いたもの、描いたものに対するふんだんな報酬と、革命以来経験したことがない特権と社会的地位は、プラスであった。一九三〇年代半ばの時点では、鞭より飴の方が多いように見えた。スターリンは自分の個人的な威信により、高尚な文化と教育の称揚を支援した。これは最後までソ連の特徴となった。

政治的緩和の兆しすらあった。一九三六年に新しいソ連憲法は、敵対的階級は根絶され、残っている階級は「対立関係にはない」ので、「階級敵」との戦いをやめるときだと宣言した。これはマルクス主義理論からすると疑わしい主張だったが、その他の点では安心感を与えるメッセージであった。加えて、この憲法はあらゆる基本的自由を保障した。この時点ではソ連にまったく存在しない言論の自由、集会の自由も含まれていた。スターリンは個人の時間と精力を大いに割いてこの文書を起草した。彼の個人文書のなかでこの文書が目立つ位置を占めていることからは、スターリンが結果を誇りに思っていたのだと想定することができる。

多くの人々は「スターリン」憲法を西側を欺くためのシニカルなプロパガンダ策謀だととらえてきたが、実際にはこの憲法は少なくとも同じ程度には強力にソヴィエト国民に対して向けられていた。世論を測るための新しいアプローチ（前年行われた中絶禁止法案についてのものが先駆けとなった。中絶は都市エリート以外には幅広い不支持が見られたものである）において、憲法草案は大いに喧伝された「全人民討議」の対象とされた。そこではソヴィエト市民が草案の諸条項について意見を自発的に述べるよう促され、かなりの数の市民が実際意見を述べた。

新憲法の方向に沿って、来るソヴィエト選挙では複数候補の推挙が可能であるとも発表された。一九二〇年代半ばに、「ソヴィエト民主主義を再活性化する」ために行われたのと似た試みであった。一九二〇年代半ばの実験のほうは、あまりに多くの「敵」が推挙されたために、立ち消えとなった。今回の繰り返しが同じ運命をたどることになるのかどうかはまだわからなかった。

国内で緩和が行われたのと並行したのが、モスクワが指揮する国際共産主義運動における人民戦線だった。一九二〇年代の多く、コミンテルンはヨーロッパの社会民主主義と戦うことに精力を傾けたが、一九三三年にドイツでナチスが権力を取ったことにより、これが愚かであったことがあきらかになった。

一九三五年の人民戦線（ファシズムに対する共産党、社会党、急進主義政党の連立）が遅まきながらの結果となった。

ソ連は一九三〇年代、外交面でもより穏健で和解的な方向を取って、国際連盟に加盟し、革命以来初めて、アメリカ合衆国と外交関係を樹立した。外相マクシム・リトヴィーノフは最善を尽くして、西側民主主義諸国との反ファシスト連合を推進した。双方の側に残っていた疑念はこの仕事を困難なものにしたのではあったが。

大粛清

一九三〇年代半ばには、多くの領域で緩和に向かうはずみを見て取ることもできたが、これに対抗する、政治的緊張を高めるような傾向もあった。一つは国際情勢から来た。ソ連は以前はオオカミ少年のように戦争の脅威を言い立てていたのだが、中央ヨーロッパにナチス・ドイツという、強力に反共、反ソヴィエトで、東方への拡大を決意している新勢力が台頭すると、その脅威は現実のものとなり、常態へと現実に回帰するといういかなる理念をも危ういものとした。もう一つは国内情勢から来た。政治局員でレニングラードの党指導者セルゲイ・キーロフが、一九三四年十二月に不満を抱いた元コムソモール員に暗殺されたことがきっかけになった。殺人者は即刻逮捕されたが——一九六〇年代のアメリカ合衆国におけるケネディ大統領暗殺以後の状況のように——誰かが教唆したのではないかという憶測が渦巻いた。

西側ではスターリンがしばしば疑われてきた。ニキータ・フルシチョフは一九五六年の「秘密報告」

でスターリンが関与した可能性を仄めかしさえした。だが、これを固める証拠はいまだかつて文書館から出てきてはいない。スターリン自身は敗北した反対派を非難した。その結果、ジノヴィエフとカーメネフが陰謀を企てた嫌疑で逮捕された。さらにくわえて、「階級敵」――ソ連ではいつも容疑がかけられる――が秘密警察によりレニングラードから僻地に集団で強制移送された。さらに多くの階級敵（党の指導者らを毒殺する計画を立てていた可能性があるとスターリンが考えた、高貴な生まれの女性図書館員ら）がクレムリンの行政機関内で見つかり、そのためにその長――ジョージア人でスターリンの昔馴染み、アヴェル・エヌキーゼ――が解雇され、その後逮捕された。

スターリンが述べたように、エヌキーゼは第一次五か年計画の大勝利にかんがみて、「ひと休みし、うたた寝してもいい」と誤って考えた者たちの一人だった。一九三〇年代半ばの「常態への回帰」政策にとって、警戒への呼びかけが、いやましに押し付けがましさを増す背景となった。一九三五年六月、ジノヴィエフとカーメネフはキーロフ殺害で裁判にかけられたが、決定的な結論に至らなかった。一年後、二人は再び裁判にかけられ、いわゆるモスクワ見世物裁判の最初のものにおいて最大限に宣伝され、キーロフ殺害とその他のテロ陰謀に関与したとして死刑判決を受けた。

定期的な党員査察の一つが進行中だった。その結果、反対派への共感を含むさまざまな怠慢行為によって、あまりに多くの除名がなされたので、一九三七年初めの時点で、現役の共産党員より、元共産党員の数が上回る地域もあった――熱狂的な支持を引き寄せるスターリン体制の能力には、支持者を（本物のあるいは想像上の）敵に変える能力だけが比肩したという逆説の、よき例示である。こうした元共産党員は全員地方のブラックリストに登録して監視下に置くことが想定された。

一九三〇年代半ばの選挙政策における「民主的」傾向が抑圧的な方向に転回したとき、別の逆説が出現した。政治的緊張が高まるにつれて、地方党支部にとっては「疑わしい」候補者の推挙がどんどん許容できなくなっていった。正式な発表がないまま、一九三七年末に行われたソヴィエト選挙では単一候補者制という旧来の手順に従うこととなった。並行して行われた、党における民主的実験は、おそらくそもそもの意図とは裏腹に、一九三七年春に施行されると純粋に威嚇的なものとなった。タイミングが悪かった。旧反対派の第二回モスクワ見世物裁判が行われたあとであり、中央委員会二月－三月総会が、党の責任ある地位に就いている者も含めて、敵に対する警戒心を呼びかけたあとだったからだ。党幹部全員が再選に臨み、党支部により承認された候補者リストは提供されないという状況のもと、義務的な選挙前集会は、昂進する非難とほとんど耐え難い緊張の場と化した。というのは、誰を推挙するのが安全であるか、誰にも分からなかったからである。ロシアの地方のある工場では、工場の党組織のメンバー八百人が、新しい党委員会の構成に何とかたどりつくまでに、一か月以上にわたって毎晩集会に出席することになった。

私たちが「大粛清」と呼ぶテロルの過程は、しばしばソ連市民によって遠まわしに「一九三七年」と呼ばれるものであるが、この年の初めに中央委員会総会で明白に開始された。総会は、工業がその共産党指導者たちによってサボタージュされており、共和国および地方党書記は腐敗し裏切りを行っているとの見通しを打ち出した。総会ではモロトフに最初の報告をやらせたが、この新たなテロを仕掛けたのがスターリンであるのはまちがいない。前月に大々的に喧伝されて行われた第二回モスクワ見世物裁判が、劇的な背景を用意した。重工業人民委員部でのオルジョニキーゼの副官を含む被告人が、破壊活動、テロリズム、スパイ行為、反逆で訴追され、全員が自白したあと死刑判決を受け即日処刑された。検事アンドレイ・ヴィシンスキーが叫んだ「狂犬を撃て！」という言葉は何度も引用された。このことばは国中で行われた怒りに満ちた集会で繰り返された。
オルジョニキーゼは一九三六年終わりの数か月、これから始まる見世物裁判の被告人リストから自分の副官を外そうと懸命に戦ったものの実を結ばず、自分が育てたソヴィエト工業幹部の一群が滅ぼされるのを見るくらいならと思い自殺した。工業界のリーダーは、しばしば「破壊活動」で訴追されたり、産業事故の責任を負わされたりして、先頭で砲弾を浴びる人々の内にいた。独裁的な手法、地元の共和国や地方での権力濫用、縁者贔屓の告発を受けた共和国と地方の党書記（その多くは党中央委員会のメンバーでもあった）も彼らに並んだ。言い換えると、彼らは一九三〇年代に発展した暗黙の職務記述書にしたがって自分の仕事をしたことで告発を受けたのだった。ウクライナ、ウズベキスタン、アルメニア、ジョージア、タタール自治共和国のように、共和国の指導者が自ら統治する共和国の民族出身である場合、彼らは「ブルジョア民族主義」の告発も受けた。彼らが庇護関係の広大なネットワークを持っていたことから、この過程が雪だるま式に膨らみ、最終的に共和国と地方の指導部全体を打ち倒した。トルクメニスタンでの虐殺の規模はあまりに大きかったので、地方党は数か月、中央委員会がないままとなった。

「警戒心について」。1937 年に発表されたユー・ガンフによる大粛清時代の風刺画。市民は隠れた人民の敵のマスクを剥ぐよう促された。

一九三七年六月、粛清は軍に広がった。ミ

ハイル・トゥハチェフスキー元帥と事実上現任の軍司令部全員が（政治局員のクリム・ヴォロシーロフを除いて）非公開の軍事法廷でドイツと陰謀を企てたとする判決を受け、即刻処刑された。将校ら（「ファシストに買収されたユダたち」）は自分たちを守るために指一本動かせず、ましてスターリンを取り除こうとするなど論外なままに、排除された――ソヴィエト史のなかにいくつかある、吠えることのできなかった軍犬の実例の一つだった。

エリートのいたるところでの逮捕は一九三七年のあいだずっと続いた。上司、職場仲間、隣人に対する機会主義的非難が当局に絶えず流れ込み、火に油を注いだ。政治局員さえ、真夜中にドアがノックされるのではないかという恐怖から逃れられなかった（大半は生き延びたのだが）。通常のゲームのルールが中断し、彼らは自分が庇護する者や家族の一員さえ逮捕から守ることができなかった。著名なインテリゲンツィアも粛清の犠牲になり、それはしばしば政治上のパトロンの失寵に引き続いて起こった。浮浪者、宗教セクトに属する者、常習犯罪者は公序良俗のために連行された。ポーランド人、フィン人、ドイツ人といったエスニック・グループは外部勢力に忠誠心を抱いているのではないかと疑われることもあり標的になった。国境近くに住んでいる人々は集団でソ連国内の遠方地域に強制移送された。

テロルが減退の兆しを見せた一九三八年、ブハーリンとGPUの元長官ゲンリフ・ヤゴダに焦点を当てた三度目のモスクワ見世物裁判が行われた。前と同じように、被告人は全員、公けに自白した。元共産党員アーサー・ケストラーが小説『真昼の暗黒』のなかで、この献身的なボリシェヴィキたちが党に対して行う最後の奉仕と解釈した行動である。恐らくそうであった、だが、これはまた彼らが公けに発言する最後の機会でもあったし、二人ともそうするように求められた自白と、それに矛盾する暗黙の反論を結び付けようと試みたように見える（「もし自分がスパイだったならば、数多くの国が、自身の諜報機関を閉鎖するかもしれない」とヤゴダは述べた(訳注1)。

中世の魔女狩りのように、大粛清はすでに暴力と疑念に慣らされていた住民のなかに、自身の破壊的な推進力を見出していた。上からの命令でこれを終えるのは、始めたときよりはるかに手腕の要る仕事だったようである。スターリンはこれに少しずつ取り組み、一九三八年を通じて粛清の風が弱まっていくようにした。そのあと、粛清者——秘密警察そのものとその前長官ニコライ・エジョフ——を粛清するために、新たな警察長官としてラヴレンチー・ベリヤを呼びいれることで、粛清を象徴的に終了した。このもう一つの「吠えることができなかった犬」のエピソードにおいて、秘密警察は自らの破壊に対してまったく抵抗しなかった。エジョフは一九三八年四月以来、明らかに不興を買っていたが、斧が最終的に落ちてくるまで六か月以上、なすすべなく座視し、時間をやり過ごすため酒に溺れた。

淡々と粛清を終わらせ、自分の地位も傷つけず、国内での評判を明らかに高めたことは、スターリンの政治的名人芸として考えなければならないが、全体のポイントは何だったのだろうか? 後年インタビューを受けたモロトフは、来るべき戦争に備えて潜在的な第五列を抹殺することが必要だったと述べた。どんな論理的な根拠——第五列になる可能性がある者の抹殺、外国スパイの捕獲、行政機関内の朽ち木を一掃し、一九三〇年代初頭に訓練を受けた新しい一団を昇進させる道を開くこと——があったとしても、軍司令部、党中央委員会、政府、工業界の最高指導者を大量虐殺したことを正当化するには不十分であるように思える。だが、おそらく、ボリシェヴィキが好むフランス革命の比喩にしたがえ

(訳注1) ドイツ、日本、イギリスの諜報機関とヤゴダは内通していたと告発された。

ば、革命には、それ自体が終わりを迎えるにあたり、自身の子どもを喰らうように自らに仕向けるような、内的な論理があるのである。テロは——革命、ついで集団化においてのように——さらなるテロを生むという論理もある。一九三四年、スターリンは指導部内の同僚たちに警告した。「敵の階級」——資本家、クラークとその他——を破壊しても、ソ連から安全保障問題を取り除きはしない、これらの過去の階級の個々のメンバーは生き延びて、不満の種を抱えているだけでなく、仮面をかぶって、警戒している国家の目にも見えないのだから、と。党にも、総じて住民の中にも、不満を隠している者は疑いなく数多くおり、大粛清の無差別的アプローチは、これら目に見えない敵を中立化するための措置として見ることができた。だが、「反革命分子」七十万人を処刑し、さらに百万人をグラーグ送りにするのは、コストの大きいやり方だった。

大粛清のあと、あらゆる機関——党、政府、軍、公安——の上級幹部職の大半は新参者によって満たされた。彼らはしばしば、新たに練成された下層階級出身者で、党員証をもち、大急ぎで養成された。一九三九年のアーカイヴ文書を眺めるということは、荒れ果てた官僚制を垣間見るということである。それはなくなった部分でいっぱいで、ギャップを埋めるために必死に人を探そうと努めているが、ほとんど機能していない。機構の記憶は失われた。新たに任命された者たちは苦闘していた。これはもちろん一時的な状況だった。一年経つか経たないうちに、ポストは満たされ、人々は仕事の仕方を学んだ。おそらく、全般的に、彼らは前任者よりも首尾よく仕事をした。以前より若返り、より教育されていた。だが、日付けに注意しなければならない。これは一九三九年だった。結局、より早い歳月に、くるぞと叫ばれていたオオカミ、戦争がついにやって来たのだ。

第四章

第二次世界大戦と戦後

一九三九年八月二十三日、ヴャチェスラフ・モロトフ（新任のソ連外相）は、ソ連を代表して、ドイツ外相ヨアキム・フォン・リッベントロップと不可侵条約に調印した。条約は二国が互いに攻撃しないことを約束し、秘密議定書で、東ヨーロッパにおけるそれぞれの利害圏を認めた――つまり、互いにフリーハンドを与えた。ボリシェヴィズムはナチス・ドイツにとって公言された第一の敵であり、ソ連にとってはファシズムがそうだった。西側世界はこの条約にショックを受け、国際左翼勢力は混乱と内省に陥った。しかしながら、ソヴィエト国民は安堵の思いでこれを歓迎した。スターリンはほとんど不可避に見える戦争を前にして「時間を稼いだ」のだ、イギリスとフランスがヒトラーと戦うように仕向け、ソ連に戦闘の外にとどまることをも恐らくは可能にしたのだ、と。スターリン自身は、ヒトラーを永久に買収したとは考えていなかった。彼はおそらく二年ほどは期待していただろう、ソ連軍と国防産業は大粛清によって依然損なわれており、戦う準備はまだできていなかったのであるから。

ソ連は一九三〇年代、西側に接近したが、相互に強い不信感が存在し続けた。外相マクシム・リトヴィーノフ（モロトフの前任者）は、ロンドンの駐英ソヴィエト大使イワン・マイスキーと同様、民主主義諸国との連携を好んだが、スターリンとモロトフはこれに決して全面的に同意してはいなかった。彼らの目には、西側列強は、ドイツも含めて、すべて「資本主義者」であり、それぞれが同じくらい不誠実であった。ソ連のイギリスとフランスに対する不信感は、一九三八年九月、西側列強がミュンヘン（ソ連が招かれなかった会議）でドイツに宥和し、本質において、チェコスロヴァキアのズデーテンラントへの進駐、より広くはドイツによる東方に向かっての生存圏レーベンスラウムの追求に青信号を出したことで強められた。

ポーランドはドイツの次のリストに挙がっているように見えた。イギリスと違ってソ連の指導者はポーランドにもその政府にも特段の愛着を抱いてはいなかったが、地理的に考えるとポーランドはドイツとソ連の緩衝国であったから、大きな関心の対象となった。条約の秘密議定書によって、ソ連はドイツがポーランド西部を獲得する権利を暗黙裡に承認したが、その見返りは、ソ連が一九二一年にポーランドに割譲した東部諸県において同じことを行う権利であった。一九三九年九月一日、ドイツ軍はポーランド西部に侵攻した。九月三日、イギリスとフランスはドイツに宣戦布告したが、ソ連は中立にとどまった。数週間後にソ連軍はポーランド東部に侵攻した。

独裁者同士のラヴ・アフェアとしての不可侵条約については多くのことが書かれてきたが、愛があったことを示す証拠はそう多くはなかった。もし、ヒトラーとスターリンが彼らの個人的な和解を強調したかったのなら、代理を送るかわりに自ら条約交渉を行ってもよかった――そして、スターリンの場合、その代理とはモロトフであるが、彼はヒトラーと直接に対面したものの、相手にとくに印象を与えなかった。従来のソ連新聞のヨーロッパ報道における激しい反ナチ路線は抑えられたが、強力に肯定的な再評価よりも、新しいパートナーについての沈黙が、それにとってかわった。ソ連公衆が受け取ったメッセージは、これがラヴ・アフェアではなく便宜上の一時協定だということだった。

ポーランド東部を占領したあとソ連はすぐにそれを編入し、住民には自動的にソ連市民権を付与した。これは内戦終結以来、ソ連が初めて獲得した領土だった。このポーランド領は既存のソヴィエト共和国であるウクライナとベラルーシの間で分割され、二千三百万人の元ポーランド市民が国民に加わった。数か月後、ソ連軍は旧ロシア帝国のかつての県であり、両大戦間には独立していたバルト三国に侵入した。併せて、別の元ロシア帝国領であり、ルーマニア統治下にあったベッサラビアにも侵入した。その結果、四つのあらたな小さな共和国――ラトヴィア、リトアニア、エストニア、モルダヴィア（旧ルーマニア領にこの名がつけられた）――がソ連に加わった。

これはソ連と、拡張主義的で戦闘的なドイツの間の、満足ゆく緩衝地帯のように見えた。しかしながら、のちに明らかになるように、それはソ連にはよいことをほとんどもたらさなかった。フィンランドを恫喝してバルト三国同様に追い込むことを試みたソ連は、予期せぬ強い抵抗にあい、一九三九年から一九四〇年にかけての冬、短い戦争を行う結果となった。この戦争で当初ソ連軍側の展開は壊滅的なものであった。結局は、もちろん、軍事力の差からしてソ連が優位に立ち、カレリアを含む領土をいくらか獲得した。だがフィンランドは独立国として残り、ソ連軍の評判は深刻に傷つけられた。一九四一年六月、ドイツは軍を新しいソ連国境付近（ソ連側は新たな国境まで防衛部隊を移動させる時間をもてていなかった）に動かした。この動きはそれ自体が、攻撃の可能性を匂わせていた（泥と雪の問題を回避するために、恐らくは夏の初めに）のだが、イギリスもまた、自身の諜報活動に基づいてスターリンにはっきり警告していたし、東京に滞在するソヴィエトのスパイ、リヒャルト・ゾルゲも同様であった。攻撃の脅威についてスターリンが知らなかったかどうかは、問題にもならない。歴史学者リチャード・オーヴァリーによると、少なくとも八十四回の警告があり、なかにはドイツによる組織的なソヴィエト空域侵犯に関する報告もあった。だが、スターリンはドイツが攻撃の口実にできる「挑発」を必死になって避けようとし、軍事的対応を承認することを拒絶した。六月二十二日にバルバロッサ作戦が始まり、ドイツは大規模な猛攻撃を行って、地上にあるソヴィエト空軍の大部分を破壊した。ドイツ国防軍は驚くべき速度で国境を越えて移動し、ソヴィエト軍と国民は無秩序な撤退かつ疎開の中で、あわてふためきながら後退した。

大祖国戦争

数日のうちに、ドイツ軍は新たに獲得された緩衝地帯を越えて、旧ソ連国境に到達した。一週間のうちに、彼らはベラルーシの首都ミンスクに着いた。ドイツ軍はそのあとすぐバルト諸国に移動し、最近打ち立てられたソヴィエト体制にかえて、ドイツ占領体制を確立した。レニングラードは奪われなかったが八月に包囲された。十月までにドイツ軍はモスクワ郊外に迫った。

スターリンは賭けをして敗れた――すべてを失った、彼は当初はこう結論を出したようである。侵入が行われたあとの一週間、スターリンはモスクワ郊外の別荘に独り引きこもり、完全に気力を失って電話にも出なかった。より以前の政治的災厄、一九二三年の「遺書」でレーニンが彼を厳しく批判したあとで彼が行ったのと同じだった。彼の不在は全くの国家機密というわけではなかった。ラジオ・モスクワの聴衆であれば誰でも、スターリンではなくモロトフがドイツ侵入についてラジオ放送で伝えたときに、何かあったと推察できたにちがいない。政治局から代表団が別荘にやって来たとき、スターリンは自分を逮捕しに来たのだと考えた。あるいはのちになって政治局員アナスタス・ミコヤンがそのように主張した。「レーニンはわれわれに大いなる遺産を遺したのだが、われわれは大失敗してしまった」とスターリンは同僚たちに言ったと伝えられている。彼らはスターリンを逮捕しなかった――そのような考えを抱いたとは誰一人認めていない――、そうではなく彼らはスターリンを意気阻喪状態から引っ張り出し、モスクワに連れ帰った。七月三日に、スターリンはラジオで国民に結集を呼びかけた。まだ声を完全に思いどおりに出すことができなかった。若いころに習った正教の用法に立ち戻り、スターリンは聴衆に「兄弟姉妹よ」と呼びかけた。

これがこれから起こることの予兆になった。ソ連史で「大祖国戦争」として知られることになるこの戦争は、今や外国侵入者からロシアを救うための戦争の光沢を与えられた。世界最初の社会主義国家を救うための戦争ではなかった。一九四一年十一月の演説で、スターリンはドイツ騎士団に対してアレクサンドル・ネフスキーが十三世紀に行った氷上の戦いと、帝政時代の軍指導者アレクサンドル・スヴォーロフがナポレオンに対し行った抵抗のイメージを喚起した。新たなロシアの強調は、あとになってソ連国内向けプロパガンダではソ連軍の多民族的性格を描き出すことでバランスを取ったので、非ロシア系共和国から大きな抵抗を受けることはなく（ウクライナ人からある程度の対抗意見がくぐもった声で出されたが）、戦争遂行に向けロシア大衆の支持を結集するうえで恐らく役に立った。確かに、最初の数か月には士気を高めることが必要だった。ドイツの侵入は目に見えて止まらず、ソ連軍は無秩序に退却する中、西部諸県では「ユダヤ・ボリシェヴィキ」体制がついに崩壊しつつあるという噂が広まっていった。軍では脱走率や任務放棄率が高く、ドイツ占領地域では初めのうち大半の者がドイツの存在を受け入れることを望んでいたように思われた。この態度は、占領者によるひどい扱いを前にしたときのみ、敵意へと硬化した。しかしながら、はるか以前から予見し恐れていた戦争が始まったことに、違う反応をする者たちもいた。ソヴィエト知識人のなかには救いに似た気持ちがあったとのちに回想する者もいた。つまり、恐ろしいにはちがいないのだが、一九三〇年代後半のテロルに比べれば、より楽な種類の恐ろしさだった。今や戦うべき本当の敵がいたのだから。軍隊では、「戦線のウォッカ百グラム」を復活したことにより、士気を維持し、ウォッカによる男たちの絆という軍の（そして革命の）伝統を維持することにつながった。

政府事務所や多くの住民は東方に疎開したが、十月にモスクワがドイツの手に落ちなかったのは奇跡だった。スターリン自身、モスクワを離れることを検討したが、考えを変えた。モスクワに残った市民は志願兵として「人民防衛」部隊に入ったし、間一髪のところで新たな正規部隊がシベリアから到着した。だが、多くの者はソ連の成功を、何よりも「冬将軍」に帰した。それはドイツ軍の支援部隊と物資を雪で停滞させたのだった。

ドイツは三方面攻撃を開始した。モスクワが最北方面の攻撃で、南はバクーとその油田に向かうルートだった。一九四二年末までに、約一千二百万人のソヴィエト市民が東に避難した。政府はもっぱらヴォルガ河畔のクイブィシェフ（現在のサマーラ）から運営されていた。ソ連領の四〇パーセント――住民の四五パーセント、ウクライナ、ベラルーシ、バルト諸国、モルダヴィア全土、ロシア南部の多く、クリミア、カフカースの一部を含む――が、ドイツ占領下に置かれた。何百万人というソヴィエト兵が捕虜となり、数百万人がさらに強制労働力としてドイツに送られた。

一九四三年一月、ヴォルガの街スターリングラードで転機が訪れた。市の街頭で何週間にもわたって白兵戦が行われたあと、ソヴィエト軍はフリードリヒ・パウルス将軍率いるドイツ軍を破り、司令官を含めて捕虜にした。これは長い、執拗な戦いをともなうドイツ軍の西方への退却の始まりとなり、一年以上続いた。一九四一年以来、ソ連はイギリスおよびアメリカ合衆国と同盟を結んでいた（フランスはすぐに敗れ、一九四〇年にドイツにより占領されていた）が、ソ連にかかる圧力を軽減するための西方での第二戦線は、ソ連が切に嘆願し連合国が何度も約束したにもかかわらず開かれなかった。東方では、ドイツの同盟国日本が一九三〇年代初頭から満洲を占領し、国境をめぐる紛争を引き起こし、一九三九年にはノモンハン事件が起こった。ノモンハンでは日の出の勢いの軍の希望の星、ゲオルギー・ジューコフがソ連軍の指揮を執った。この戦いでのソ連の勝利は日本に対し、ここにはいいカモはいないということをはっきりと分からせ、両国は一九四一年四月に中立条約を結んだ。両国は実際、大戦中この条約を遵守したが、ソ連の指導者は、日本がこれを破ってソ連を二方面戦争に引き込むのではないかと心配し続けた。

戦争が続くあいだ、新設の国家防衛委員会が国を運営した。その運営幹部会はスターリン、モロトフ、ベリヤ（公安担当）それに二人の新政治局員候補ミコヤンとゲオルギー・マレンコフで構成された。国家防衛委員会内では非公式なかたちで担当の分担が行われ、スターリンが軍事関連の筆頭責任者となり、ほかの者は戦時経済の運営に集中した。総じて、戦時経済の成果は素晴らしいものだったと評価されている。スターリンは軍司令官となった直接の経験はなかったが、自分は専門家――内戦では赤軍の政治指導部のリーダーの一人だった――であると考え、戦争指揮について強い実際的な関心をもっていた。スターリンの介入が役に立たなかったり、災禍をもたらしたりすることもあった（一九四一年六月に適宜退却を認めなかったように）が、それでも、戦争の間に現れた才能ある将軍たちの一群、とくにノモンハンの勝者ジューコフやコンスタンチン・ロコソフスキー（大粛清のあいだ「人民の敵」として入れられ

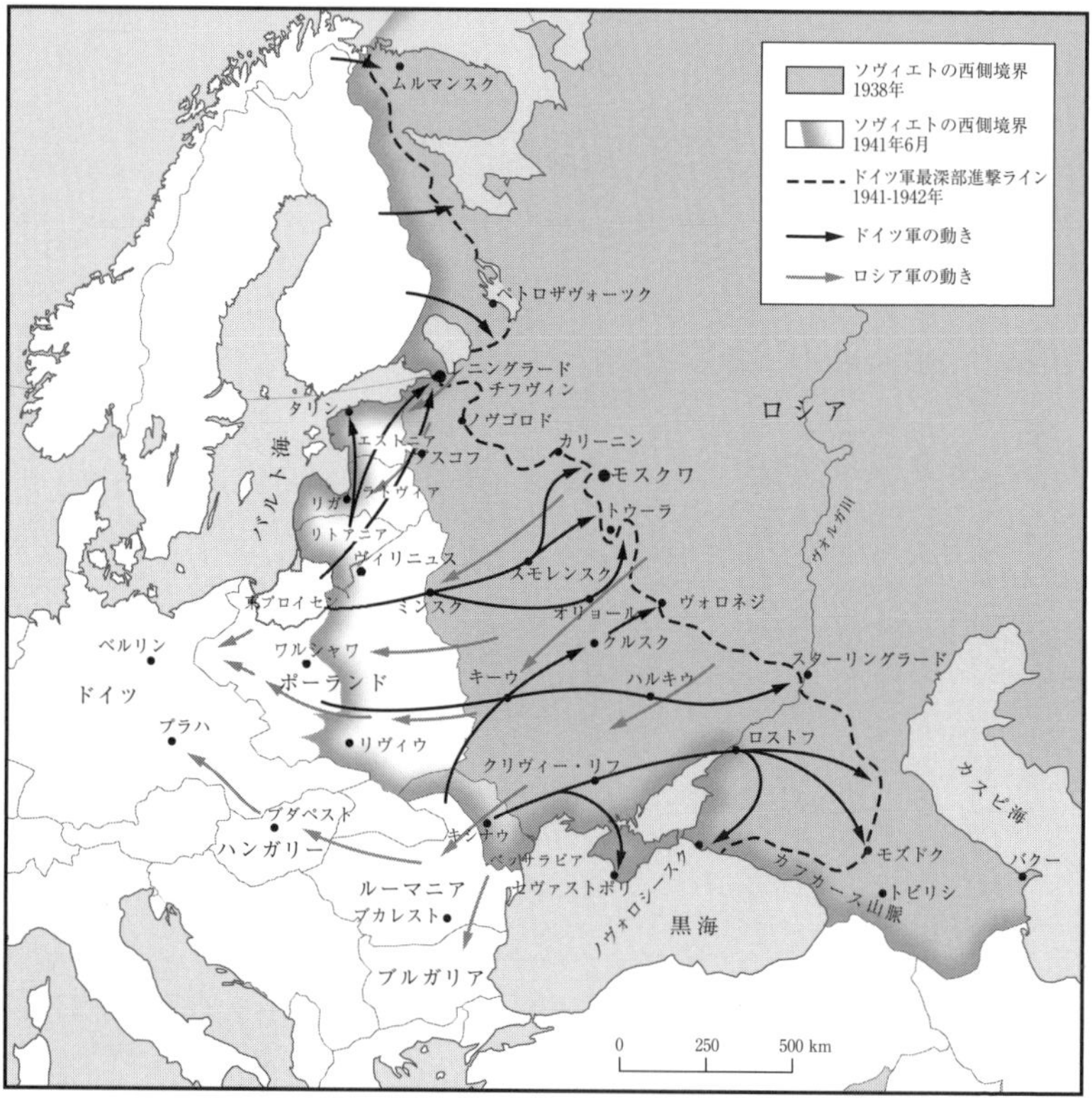

第二次世界大戦時のドイツのソ連占領

ていた刑務所からあらたに釈放された）とうまく協力した。スターリンとモロトフの二人は文民として、セミョーン・チモシェンコ元帥が長を務める最高司令部のメンバーに加わった。内戦のときのように、スターリンと政治局チームの多くは、戦争が続くあいだ軍服を着用することを選んだ。だが、スターリンは戦争に勝利を収めるまで「大元帥」の称号を受け入れなかった。

　スターリンが国の軍事面の努力に専念する

一方、彼の政治局——基本的には一九二〇年代から彼といっしょにいた同じ十人弱に、フルシチョフやベリヤといった新規獲得メンバー数人が加わった——に銃後の運営が委ねられた。のちのミコヤンの回想によると、彼らは同僚として効率よく仕事し、戦前に頭上を覆っていた疑念の雰囲気は消え、スターリンは他者の意見に積極的に耳を傾け、納得した場合には自分の立場を変えた。諸地域では、地方党書記が従来に増して大きな責任を持つようになり、しばしば事実上の高度な自治を得ていた。体制のあらゆるレベルで、政治リーダーは軍リーダーと緊密に協力し、個人的また職業的な関係をつくり、これが戦後まで続いた。

国内ではいつになく同僚と肩を並べて振舞うようになったスターリンであるが、世界の舞台では新しいカリスマ的存在となった。以前にはほかの世界のリーダーが決して対面したことがなかった謎の人物が、戦時中の同盟者ウィンストン・チャーチルおよびフランクリン・ローズベルトとすぐに良好な協力関係を築き、実際に二人の敬意を勝ち得た。連合国では以前は悪魔化されていたソ連指導者がイメージチェンジして、パイプをくゆらす善意の「アンクル・ジョー」となった。ソヴィエト世論においても同じ動きがあって——明らかに自然発生的であるとともに体制によっても演出されていた——、連合国の人気が、特にアメリカとローズベルトの人気が高まった（チャーチルがロシア内戦へのイギリスの介入を主張した記憶は今も残っていた）。

またしても、戦争は主に男性のゲームだった。だが、内戦に比べると、銃後の要としての女性の貢献が注目され、共産党に女性が代表されている比率は実際に数ポイント上昇した（一九四五年には一八パーセントになった）。ドイツ占領下で英雄的に抵抗した女性は殉教者として称賛された。それにもかかわらず、嘆き悲しむ母親像が、戦争に関連する女性のイメージとして支配的だった。実際、戦争中に夫や息子が大量に殺されたことを考えるならば、女性たちには悲しむ理由があった。戦時中失われた命は圧倒的に男性の比率が高く、その結果、女性の巨大な一群が独身とならざるを得なかった。しばしば彼女たちはまたシングルマザーであったのだが。最初の戦後の国勢調査によると、一九五九年になってもロシア・ソヴィエト連邦社会主義共和国、ウクライナ、ベラルーシの人口については、男性より女性の方が二千万人近く多かった。

ソヴィエトの戦争遂行は予期にたがわず容赦ないもので、スターリンは早期の時点で——兵士が大規模に捕虜になり、部隊単位でドイツに降伏するのを前にして——捕虜となった者はみな裏切り者で、本人だけでなく家族も処罰の対象となり得ると宣言した。しかしながら、おそらくスターリンも驚いただろうが、ロシア人は戦争遂行のために結集したし、占領地域外の非スラヴ系住民も、ロシアの「兄」を支持して戦争遂行に貢献したことは最初の数か月ののちに適切に認められたわけだが、同じ行動を取ったように思える（ポストソ連初期のカザフスタンでさえ、カザフ民族主義的な内容の国史を支持して教科書の書き換えが行われたものの、第二次世界大戦の章は、侵略者を放逐するための全国的な努力のなかで動員された、ソヴィエト愛国主義の精神に満たされたままだった）。

もちろん、被占領地域では展開が違っていた。ドイツはウクライナ、ベラルーシ、ロシア南部で協力者を数多く得た。ステパン・バンデラのウクライナ民族主義者組織の移動部隊——ドイツ占領下のポーランドにある彼の基地から指揮され、ドイツ軍諜報機関と協力した——は、占領下のウクライナで活発に動いた。ドイツ人とともに発ったコサック、タタール人、カルムイク人は、戦争の最後の段階で、ドイツ軍に兵士として参加した者たちのなかにあって際立っていた。ソ連軍がカフカースとクリミアを再び確保すると、チェチェン人とクリミア・タタール人を含むいくつかの小民族は「裏切民族」と宣言され、ベリヤの典型的な容赦ない効率的な作戦計画の一つにおいて、中央アジアに強制移送された。予期せぬ結果の一つは、カザフスタンのような地におけるエスニック的混淆が従来よりも多様になったことで、反抗的なチェチェン人と勤勉なエスニック・ドイツ人(戦争の初期段階でヴォルガ地域から移送された)が地元のカザフ人や、だいぶ以前に定住したロシア人、ウクライナ人とつきあうことになった。

一九四三年四月、ドイツはスモレンスク地域のカチンの森でポーランド将校の集団埋葬地を発見し、ソ連による虐殺として発表した。実際そうであったのだが、ソ連の宣伝活動家たちはこれを激しく否定し、ドイツがやったことだと非難し、連合国側でも多くの者が彼らを信じたがった。ポーランド将校の捕縛は一九三九年、ポーランド東部をソ連が占領したときにさかのぼるもので、一九四〇年春に殺害されたように思われる。ポーランドとのあいだにある歴史的に険しい関係は、後退するドイツを追うソ連軍が一九四四年夏にポーランドとの国境にたどりついたときにも改善しなかった。ドイツからの解放をソ連だけでなくポーランド民族の成果とすることを切望するとともに、ソ連の軍事支援をも期待しながら、地下潜伏中のポーランド国内軍はワルシャワで蜂起した。だが、ロコソフスキー将軍指揮下のソ連軍は供

1942年のソ連のプロパガンダ・ポスター。「赤軍兵士よ、私たちを救って!」

1945年5月2日。ソヴィエト兵士、ベルリンの国会議事堂でソ連旗を掲げる。ソ連のカメラマン、エフゲニー・ハルデイ撮影。

給線が伸びすぎていることを引き合いに出して、ヴィスワ川の対岸でこれを座視した。ソ連のポーランドへの進軍により、彼らは連合国のうち最初にナチス強制収容所にたどりつき、一九四四年七月にはマイダネク、翌年一月にはアウシュヴィッツを解放することとなった。有名な従軍記者イリヤ・エレンブルグとワシーリー・グロスマンは二人ともユダヤ人だったが、ソ連軍とともに西に向かうなか、ホロコーストに関する衝撃的で詳細な報告を発表した。

連合国は競い合ってベルリンに向かったが、ソ連軍が先に到着し、一九四五年四月三十日、ライヒスターク（国会議事堂）に誇らしくソ連旗を立てた。ついに勝利が！それはまたソヴィエト体制の正しさの裏づけであるとも思われたかもしれない。だが、スターリンはなおも、彼はかろうじて生き残ったに過ぎないと感じているように見えた。五月にクレムリンでの軍司令官の会合において彼は次のように語った。初期になされた過ちと、それに続いて起こった国の大半のドイツによる占領とを考えるならば、「別の国民であれば、政府にこう言ったかもしれない。君たちはわれわれの期待にこたえなかった、立ち去れ、われわれは別の政府をつくるだろうと…〔だが〕わがソヴィエト国民は、誰よりもまずロシア国民は」そんなことはしなかった、と。いつになく謙虚に、スターリンは「信頼してくれたロシア国民に」乾杯を捧げた。

戦後

モスクワの赤の広場で初めて戦勝記念日が祝われたのは、一九四五年六月二十四日のことだった。白馬にまたがったジューコフ元帥が目玉になった（スターリンはその役を断った。六十六歳の乗馬術では耐える自信がなかった）。これは国民的アイデンティティ——ソ連だけでなく、ポスト・ソヴィエト時代のロシア連邦のものでもある——の中心となる、英雄神話の誕生だった。一九四六年以後は、（訳注1）ほぼ毎年五月九日に、戦勝記念日が赤の広場で祝われてきた。ソヴィエトの人々が考えたように、勝利は輝かしいものだったが、実現に厖大な犠牲を払い、かつ本質的にはソ連だけのものであった。連合国はヨーロッパでは支援役を務めただけであり、太平洋の戦争は単なる付け足しに過ぎなかった。もちろんこうした戦争の見方は、西側連合国の見方とは異なっていたが、ソ連の貢献が決定的で、その喪失が例外的に大きいことについては意見の不一致はなかった。

（訳注1）ただし一九四八年から六四年までは休日ではなく労働日とされるなど祝賀の規模は控え目であった。

1945年6月24日。モスクワの戦勝パレードでジューコフ元帥、白馬に乗り駆ける。

　ソ連は戦前には国際舞台で除け者的存在だったが、戦争末期までに浮上しつつある超大国となっていた。スターリン、チャーチル、ローズベルトのビッグスリーは、一九四五年二月、クリミアのヤルタで行った会議で戦後世界の輪郭を描いた（開催地の選択でさえもソ連の新しい地位を象徴していた。スターリンは飛行機が嫌いでソ連領を離れたがらなかった。そこで、体調の悪いローズベルトとチャーチルが出向くことになった）。西側同盟国はヤルタで、東ヨーロッパにおいてはソ連の利害が最優先されるとの譲歩を行い、将来起こり得るいかなるドイツの侵略からもソ連を守るための、よりいっそう重要な緩衝地帯をつくる道を開いた。だが、イギリスが大国として急激に低落していることを踏まえると、ビッグスリーではなくビッグツーであることがすぐ明らかになった。チャーチルはポツダム会議の最中に選挙で敗れてイギリス首相でさえなくなった。アメリカ合衆国とソ連が戦後の超大国となる定めであった。もはや同盟者としてではなく、イデオロギー的また地政学的な敵同士として。

　力のバランスはアメリカ側に大きく傾いており、とくに冷戦初期にはそうだった。第二次世界大戦を経たアメリカ合衆国の姿とは、裕福で、強力で、その民主主義原則と生活様式は道徳的に共産主義に勝るとの自信を持ち、それに当面のあいだは、唯一の原爆保有国だった。ソ連の姿とは、貧しく、経済的に崩壊し、原爆を持たず（しかしベリヤと彼の科学者たちは研究に取り組んでいた）、アメリカと同じく自国の道徳的な優位に自信をもっていた。今ではソ連は、自身が支配する東ヨーロッパ諸国のブロックという形で、西側からの侵略に対する緩衝地帯を持つようになった。西ヨーロッパが――人気の高い共産党があるフランスとイタリアはとくに、だが恐らくは将来の統一ドイツも――ソ連の例にならって共産主義国になるだろうという期待さえ、当初はソ連側にはあった（そしてアメリカの側には恐怖があった）。「われわれはみな、そうなるに違いない、だってわれわれがこれほど望んでいるのだから、と考えていた」とフルシチョフはのちに回想している。残念なことに、アメリカ合衆国がマーシャル・プラン――荒廃したヨーロッパへの莫大な経済支援――に乗り出し、そのため「これらの国々はみな資本主義のままにとどまり、われわれは落胆した」。革命が戦後世界で現実に前進したのはアジアだった。金日成が一九四八年、ソ連から後援を得て北朝鮮に共産党体制をつくり、一九四九年には毛沢東の共産党が中国で権力を握った（彼ら自身の力によるもので、モスクワからの支援は最小限だった）。中国が自分のことを世界共産主義運動の弟と考えているうちは、これは歓迎すべきことだった。だが、この展開に対するソ連の喜びは、アメリカ合衆国で喚起されたほとんどヒステリックな警戒心と比べて、ずっと目につかないものだった。

ソ連に対してもマーシャル・プランが提示されたが真剣なものではなく、ソヴィエトの圧力を受けた東ヨーロッパのソヴィエト・ブロックの国々はこれを受け入れなかった。だが、ソ連の戦時中の損失は甚大で、再建の課題は恐るべきものだった。人口の喪失は今日では二千七百万人から二千八百万人と概算されている（スターリン時代には弱体なイメージを与えぬよう、公けの数字は七百万人とされた）。戦時中に

1945年7月から8月。スターリン、ポツダム会議で。

東に避難した一千二百万人の人々が帰郷しなければならなかったし、戦時中に軍にいた八百万人の大半を動員解除しなければならなかった。さらに五百万人がドイツで捕虜か強制労働力として戦争を終えた。ある程度の困難を伴いつつも、ソ連はそのうち四百万人以上を帰国させることに成功した。だが、約五十万人と見積もられる人々が資本主義世界に残って、一九二〇年代初頭の「第一波」亡命者に加わり、反ソ移民を拡大させた。移動した人々の数の膨大さは、混乱の巨大さの感覚を伝える。ソ連第二の都市レニングラードでは、三年に渡り続いたドイツによる封鎖が、住民の相当の部分を殺害した。ソ連の数字によると、国全体で戦前の資本ストックのほぼ三分の一が破壊され、占領された領土ではドイツ軍が逃げる途中で取った焦土作戦により、三分の二となった。

多かれ少なかれ共産主義的で、多かれ少なかれ地元住民からは人気のない、ソ連の支配する政府がぎこちなく据え付けられたことで、東ヨーロッパはソ連と西側連合国の緊張が継続する理由となった。ヤルタ協定は常に、「ソヴィエト・ブロック」が東ヨーロッパに形成されることになると暗に示していたのであったが、西側連合国——とくに強力なエスニック・ロビー団体のいるアメリカ合衆国——にとっては、現実はまた話が別なのであった。一九四七年までに、ミズーリ州フルトンでの有名な演説におい

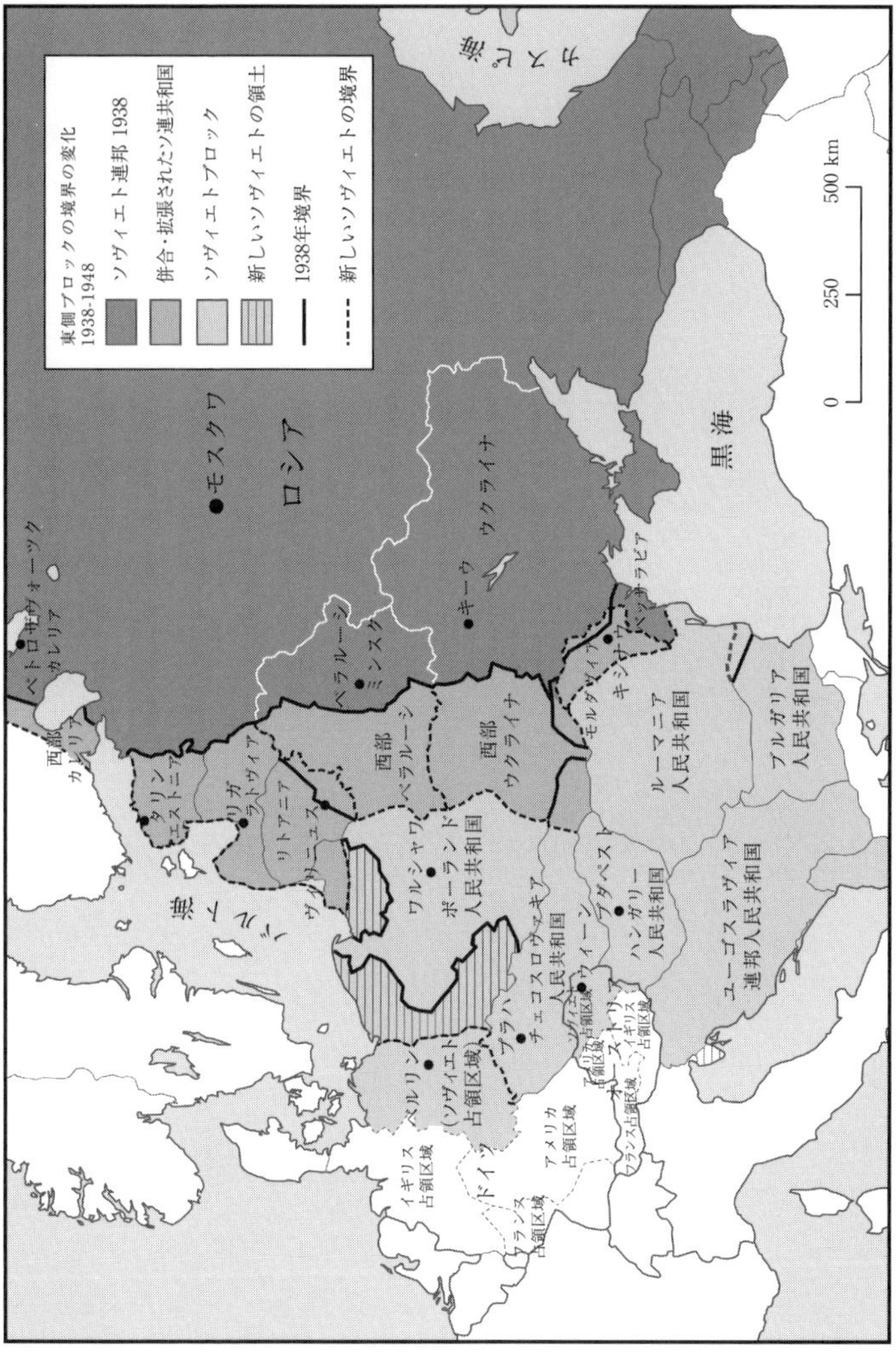
東側ブロックの境界の変化
1938-1948
ソヴィエト連邦 1938
併合・拡張されたソ連共和国
ソヴィエトブロック
新しいソヴィエトの領土
1938年境界
新しいソヴィエトの境界
0
250
500 km
モスクワ
ロシア
ウクライナ
キーウ
黒海
ベラルーシ
ミンスク
西部
ベラルーシ
西部
ウクライナ
西部
カレリア
タリン
エストニア
リガ
ラトヴィア
リトアニア
ワルシャワ
ポーランド
人民共和国
ルーマニア
人民共和国
ブルガリア
人民共和国
ユーゴスラヴィア
連邦人民共和国
ブダペスト
ハンガリー
人民共和国
チェコスロヴァキア
人民共和国
プラハ
ウィーン
ベルリン
(ソヴィエト
占領区域)
ドイツ
アメリカ
占領区域
イギリス
占領区域
フランス
占領区域
キシナウ
モルダヴィア
ベッサラビア

ソ連と東ヨーロッパ　1945年

て、チャーチル――今や政権の外にあったが、アメリカとイギリス両方の指導者たちからこっそり励まされ――は、大陸を分断する「鉄のカーテン」について指摘した。その大陸は、ソ連の「拡張主義的で改宗を迫る傾向のおかげで」、「われわれがそれをつくるために戦った『解放されたヨーロッパ』ではない」のであった。カナダにおいてソ連のスパイ、イーゴリ・グゼンコが亡命したことは、スパイに対する懸念を熱狂的に高めた。一方、ジョゼフ・マッカーシー上院議員がアメリカ合衆国国務省とアメリカ軍内に潜入している共産党員を探して赤狩りを行ったことは、いっそうの警戒心と混乱を生み出した。一九四八年、ベルリンをめぐる対立は戦争寸前までエスカレートし、アメリカに追いつこうと躍起になったソ連が独自の原爆実験に成功すると、ソ連の思惑に対する西側の懸念は急激に高まった。一九五二年、アメリカ政府は二人のユダヤ系ニューヨーク市民、ジュリアス・ローゼンバーグとエセル・ローゼンバーグを、ソ連に原爆の秘密を渡したとして処刑した。一九五三年、ベリヤの管理下でイーゴリ・クルチャトフが率いるソ連の科学者が水爆をつくり出した。想像を絶する核のホロコーストをもたらす第三次世界大戦は、多くの人にとって単なる可能性ではなく現実に起こり得るものであると見えた。

勝利の暁には、緩和、それに全般的な改善が訪れるだろうという、あらゆる種類の期待が戦争中には抱かれた。スターリンに近い政治局員のミコヤンでさえ、戦時中の社会関係から生まれた「同志精神に基づく民主主義」が市民生活に受け継がれることを期待した。だが現実には、国際的緊張があって、外部からの支援なしで経済再建という巨大な課題に挑まなければならなかったから、事態は決して容易には進まなかった。戦後には検閲が緩和されると期待した知識人は落胆した。戦争中に再建された個人区画にしがみつくことを願った農民は、コルホーズの規律が立て直され、生活水準が再び急降下することを思い知った。徴用労働者――村民、都市部の若者、ヨーロッパから帰還した元強制労働従事者――

と拡大を続けるグラーグの囚人が、労働人口のなかで戦前にもまして大きな役割を務めるようになった。一国の経済苦は一九四六年から一九四七年にかけて国の西部で起こった飢饉によりいっそう悪化した。一九三三年の飢饉に比べれば、その対処はより暴力的ではなかったものの、戦時中に打撃を受けていた地域にはさらに残酷な一撃となった。

共産党の人員構成は大きく変わり、かつ増大した。戦前の最後の数年に約二百万人の新党員が入党したのに加え、戦争中同じくらいの数の新党員が入り、一九四五年の党員数は五百八十万人になった。大粛清のあと登場した「三八年組」には、前任者よりも教育水準の高い、若い管理職、専門職が大勢いた。一方、戦時中に入党した者たちは前線の兄弟精神を持ち込み、これは党文化の中心となった（内戦のあとにも、必要な変更をくわえて考えるならば、同じことが起こった）。若い専門職党員の衝撃は、政府上層部でも感じられた。歴史学者ジュリー・ヘスラーがアーカイヴで発見したように、財務省内の若い「開明官僚」グループの一群は、都市私的セクターを合法化して課税できるようにするとの提案を回覧していた。これは急進的な改革提案で、実行には移されなかったが、執筆者らが処罰されることもなかった。戦後、国家予算が拡大するにつれ、社会福祉、教育、公衆衛生に関する支出も増えた。国民一人当たりの医師の数は一九四〇年代に二倍になり、一九五〇年から一九五六年にかけてさらに三分の一増え、当時の世界最高レベルとなった。歴史学者クリストファー・バートンによると、これはソヴィエト公衆衛生システム――一九三〇年代には、特権やアクセスのレベルの違いでばらばらだった――がようやく一体的に動くようになり、万人へのサービス提供に着手した時期ということになる。

かなり驚くべきことであるが、戦後生活の一連の領域で、自由化が行われることとなった。正教の教会の多くが戦争末期に再開を認められ、これが刺激となってミニ宗教リバイバルが起こった。後期スターリン時代に運よくモスクワ大学に入学できた人々——ゴルバチョフと夫人ライサを含めて——は、自分たちが戦争の勝利のあとソ連の社会主義建設を完成し、戦前の欠点を修正することができる、ユニークな特権をもった集団の一部であると感じた。ゴルバチョフ世代の一団は、自分たちの青年時代を希望と知的発見と理想主義の時代だったとして常に振り返ることになるだろう。モスクワの大学では、アメリカ研究が特に魅力ある学課となり、スターリンの娘スヴェトラーナとその他の政治局員の子どもたちを惹きつけた。彼らが属する新世代は、アメリカの作家アーネスト・ヘミングウェイにまさに夢中になるところであった。ソ連における世論調査の代用物である「大衆のムード」に関する警察報告は、大衆のアメリカへの愛着——「その国民にであって、政府ではない」——の表れについて日常的に伝えた。これは冷戦にもかかわらず何十年も続くであろう。

別の種類の自由化は、賄賂と腐敗の横行というかたちで見て取ることもできた。上層部においてさえスキャンダルがあった。信用詐欺師は獲物をかんたんに見つけた。ある人物（グラーグから出てきたばかりで、両足を切断していた）は、「負傷した戦争英雄」として諸省庁から金と希少物資をふんだくるという大いなるあつかましさを発揮したので、スターリンに毎週提出される諜報報告書の一つに、詳細かつほとんど尊敬に満ちた記述がなされた。おそらく偶然の一致ではないのだろうが、空想上の詐欺師オスタップ・ベンデルの手柄を褒め称えるイリヤ・イリフとエフゲーニー・ペトロフの大人気小説は、翌年一時的に禁止となった。

冷戦初期の数年、自由化と西側化の流れを見出したくてたまらない西側ジャーナリストたちは、老いて病んだスターリンは、よりリベラルだと言われるモロトフにまもなく地位を譲ることになるという噂を発表した。こうした記事は、不正確であっただけになおさら苛立たせるもので、モロトフにとっての困惑と政治的降格の種となった。だが、スターリンが老いつつあることはまちがいなかった。彼は一九四五年後半に一度、心臓発作を起こしたようである。スターリンは健康のため、今や一年のうち何か月も南部で過ごすようになり、モスクワにいるときでさえも、毎日の仕事量――これまでは驚異的だった――が急激に減少した。政策論議に彼が介入することはより散発的になった。実際にそれがなされたときにはその破壊性の度合いは減少してはいなかったが。政治局の彼の同志たちは総じて自分の専門分野（重工業、農業、通商など）の運営を任され、最小限の介入を受けるだけで済んだ。政治エリートの大量粛清はもはやなくなった。ただしこのことは、局地化された粛清の発生を妨げるものではなかったが。そうした粛清であるレニングラード事件は、将来を約束された飛ぶ鳥の勢いの若い政治家ニコライ・ヴォズネセンスキーのキャリアに終止符を打った。新たに獲得した西部ウクライナとバルト諸国では、ソヴィエト化――しばしばロシア化のように感じられた――が強制的に行われた。一方で、ウズベキスタンでは、古い土着の党指導部が大粛清のあと、同じく土着だがソヴィエトの教育を受けた新たな一団によって取って代わられ、モスクワと伝統志向のイスラム教徒住民とのあいだを仲介する任務を担った。

おなじみの弁証法において、スターリンの晩年にはリベラルな傾向と抑圧的な傾向が共存した。抑圧的な面では、独自の風変わりな計略をもった農学者トロフィム・ルイセンコが、遺伝学者たちに対抗する彼のキャンペーンに、公認のお墨付きを獲得することに成功した。芸術と学術における創造性は総じて動きを封じられ、挫折させられた。これは公的に後援された外国人嫌いが拡大した時期で、学童たちはラジオを発明したのはイタリア人グリエルモ・マルコーニではなく、ロシア人アレクサンドル・ポポフだと教えられた。外国人との接触は危険になった。ソ連市民と外国人の結婚は法により禁じられた。

もっとも憂慮すべきであったのは反ユダヤ主義の高まりで、これは公式の承認を受けているように見えた。反ユダヤ主義はロシアでなじみの現象で、帝政時代の後期にはポグロムを燃え立たせた。だが、ボリシェヴィキは相当数のユダヤ人党員を抱え、反ユダヤ主義を民族差別の一形態として歴史的に嫌悪してきたので、総じてそれとかかわりを持たなかった。スターリンの政治局にいるユダヤ人は一人（カガノーヴィチ）だけだったが、そのメンバーの半分以上にユダヤ人の妻あるいは息子や娘の連れ合いがいた。一九三〇年代に形づくられたソヴィエト・インテリゲンチャはユダヤ人が重要な構成員となっており、反ユダヤ主義はその内部でまず容認されなかった。これら全てのことがあっただけに、一九四〇年代後半に半ば公的な反ユダヤ主義への傾斜が見られたことは、広範な大衆はともかく、ソヴィエト・エリートにとっては常軌を逸した、ショッキングなこととなった。たしかに、戦争中に大衆的反ユダヤ主義が高まっているという警戒すべき前兆があった。一九三九年の不可侵条約に続く領土の獲得は、ソ連人口に二百万人のユダヤ人をくわえた。新たに編入した西部ウクライナと西部ベラルーシにおける、知りようもない数の反ユダヤ主義者についてはいうまでもない。ドイツの攻撃後、これらユダヤ人の多くはシベリア、カザフスタン、中央アジアに逃げるか強制移送された。まもなくして、歴史的にユダヤ人住民がほとんどいなかった地域で反ユダヤ主義が高まっているという気がかりな報告がモスクワに届くようになった。ロシア人が戦闘の矢面に立っているのに、ユダヤ人は「タシケントで戦争が終わるのを待っている」という噂が広がった。

反ユダヤ主義を非難する公けの方針は決して変わらなかったが、一九四七年までに外国の影響に対する、当初は単純に外国人嫌いであった運動が、まごうかたなき反ユダヤ主義の含みを持つようになり、「根無し草のコスモポリタン」という言い方がユダヤ人を指す符丁となった。戦争中に国際プロパガンダと資金集めの目的でつくられたユダヤ反ファシスト委員会は解散され、その主要メンバーは逮捕された。高位にあった政治的パトロンのソロモン・ロゾフスキーもいっしょであった。彼らは一九五二年夏に非公開の軍事裁判で反逆罪の判決を受けて射殺された。一九五二年十二月、クレムリン病院で政治局員の殺害と、外国諜報機関のためスパイ活動にあたる「医師団の陰謀」が摘発されたことは、憂いの頂点となった。新聞記事では医師がユダヤ人であるとは公式に示されなかったが、彼らのフルネームと父称が発表されたので、彼らのエスニシティはソ連の全読者に明らかにされた。一般住民による非難は反ユダヤ主義のテーマを取り上げ、同時にまた、戦時中のチェチェン人やクリミア・タタール人のような「裏切」民族の運命と同様に、政府が全ユダヤ人を僻地に強制移住するよう計画しているという噂が広がった。

この半ば隠されただけの反ユダヤ・キャンペーンは、スターリンの個人的な発意によっていたようである。彼の政治局のほぼ全員は狼狽した。このキャンペーンと同時期に、スターリンは断固たる努力をもって、自分に最も近い政治局の同僚の何人か、特にモロトフ、ヴォロシーロフ、ミコヤンを、アメリカ人やユダヤ人と手を結んでいると示唆することで弱体化させようとした。もちろん、モロトフとミコヤンはそれぞれが外相、貿易相の地位にあったので、アメリカ人と実際に広範に接触していた。このことがユダヤ人問題と関係していると考えられた。というのは、スターリンが建国を支持した、新しいユダヤ人国家イスラエルが、今やアメリカ合衆国の事実上の同盟国となっていたからだ。モロトフのユダヤ人の夫人は一九四九年、シオニストシンパとして逮捕され流刑地に送られたが、首が危うかったのはモロトフだけではなかった。左派右派にかかわらず事実上全ての旧反対派と、トロツキーおよび彼の想定上の外国諜報機関の支持者たちとを、一九三六年から一九三八年に結びつけて考えることができた悪意ある想像力であれば、ベリヤ（政治局で一貫してイスラエルを支持した）、カガノーヴィチ（ユダヤ人）、マレンコフ（娘がロゾフスキーの息子と結婚）、それに神のみぞ知るほかの誰かを、スターリンが作成中であったように見えた新しいモスクワ見世物裁判のシナリオにおいて、名指しするというのは確かに容易なことであっただろう。こう考えると、一九五二年の最後の数か月に、スターリンが政治局の社交関係からモロトフとミコヤンを締め出そうと試みたとき、ほかの政治局員が誰一人としてスターリンを支持しなかったという、さもなくば異常に見える事実を説明することができる。

二つの超大国のあいだで国際的緊張は着実に高まっていった。両国とも今では原爆を所有し、一九四八年には三百万以下だったソヴィエト軍は一九五三年までに五百万を超える規模になった。一九五〇年半ばにソ連の庇護下にある北朝鮮が、スターリンの強い助言に背いてではあるのだが、アメリカ合衆国の庇護下にある南朝鮮に侵入した。そのあと続いた三年に及ぶ朝鮮戦争では、ソ連は公式には非交戦国だったが、アメリカ合衆国と中国は相互に対立する側に立って、軍事的に介入した。国際共産主義の拡大に対するアメリカ合衆国内での恐怖は、ヤルタ協定を放棄して共産ブロックの「捕虜諸国」を解放せよという共和党内での圧力につながった。フルシチョフののちの回想によると、「スターリンの死に至るまでの日々、私たちはアメリカがソ連を侵略し、われわれは戦争に行くことになるのだと信じていた」。スターリンは、彼個人としては、恐れおののき、攻撃のためのいかなる口実も与えないように必死で試みていた（ここには一九四一年の影がある）。おそらく、これは一九五二年十一月に共和党のドワイト・アイゼンハワーがアメリカ合衆国大統領に選出されたあと国務長官になったジョン・フォスター・ダレスの、解放者的なレトリックに対する反応だった。振り返ってみれば過剰反応のようにみえたとしても、そのことが現実から恐怖を除去するわけではない。クレムリンにあったのは、はっきりしない脅威があらゆる方向から広がり、KKK団員《ナイトライダー》の誰もが黙示録の騎士の一人と見まがわれるような瞬間のひとつであったと思える。

終わりは実際迫っていたのだが、それは最後の審判ではなかったし、資本主義の侵攻ですらなかった。一九五二年から一九五三年にかけての冬にソ連がめぐらせた政治的駆け引きが最後にはどこに行き着いたであろうかをわれわれは知る由はない。なぜならそれは突然神の業によって断ち切られたからである。一九五三年三月五日、スターリンは死んだ。一人で別荘にいるときに発作があったあとで死を迎えた状況は、アーマンド・イアヌッチの二〇〇七年の映画『スターリンの葬送狂騒曲』で不朽のものとなっている。この映画は詳細には無頓着であるけれども、状況の本質的なブラックコメディをとらえている。政治局員はスターリンが意識のない状態で見つかると急ぎ招集されたが、なかなか医師を呼ぼうとしない――だがスターリンの主治医を含めクレムリンの医師の大半が獄中にいることを考えると、誰を呼べばいいというのか？　政治局員のなかにはスターリンが死ぬという見込みによって救われた者もいただろうが、個人的なものであれ集団的なものであれ、共謀の証拠はない。彼らはともにベッドの脇でぎこちなく寝ずに一夜を明かし、大なり小なりベリヤが主導権をとった。だが、スターリンが息を引き取る直前にさえも、政治局――これまで村八分になっていたメンバー、モロトフとミコヤンを含めて――は、新しい政府の構成を決めて新聞発表を書くために、スターリンのクレムリン執務室で会議を開いていた。ほとんど奇妙なまでに、ふだんどおりの仕事であった。黙示録的な予兆は明らかにスターリンとともに死んだ。ソ連は新しい「集団指導」を得た――事実上、これはスターリンの政治局からスターリンを引いたものであった。この言葉の矛盾がどういう意味をもっていたのかは、まだ分からなかった。

第五章　「集団指導」からフルシチョフへ

ソ連市民は誰もが、スターリンの死の知らせを聞いたときに自分がどこにいたのかを、常に思い出すことになるであろう。ケネディ大統領が暗殺された日についてアメリカ人がそうするように。ひそかに喜んだ者がいたことはまちがいないが、多くの人々の即座の反応は深い悲しみで、それは将来への恐れと結びついていた——スターリンなしでわれわれはこれからどうやって自分たちの面倒を見ればいいのだろうか？　指導者を最後に一目見たいと思ったのか、あるいは単に好奇心から、モスクワの街頭に人々が殺到したことで、葬儀は損なわれた。いかにもソ連史らしい、思いもかけないことが起こる典型的な出来事であったが、これは抗議者の群れでもなければ、崇拝者の群れでさえもなかった。これは意味を求める人々の群れであった。しかし、人々は衝突の中で圧死し、このエピソード全体が悪いことの予兆の感覚を残した。

おなじみのソ連小史では、暴君スターリンの退場後、ただちに改革者フルシチョフの入場ということになる。だが、事態はより奇妙だった。スターリンの旧政治局こそが——そこではフルシチョフは第五位くらいだった——急進的改革の緊急プログラムに集団的に乗り出したのであり、それは非常に一貫性があり包括的であったので、彼らは事前にそれを作成していたのではないかと思えるほどだった。彼らのうち誰も、決してそうだとは認めなかったし、スターリンの晩年に彼らがおかれていた監視の厳しさの程度を考えると、そうすることは非常に危険であった。だが、スターリンの同僚たちのあいだに、「その時がきたら」広範な変化が必要だという合意が静かに形成されつつあったのだと、結論を出さざるを得ない。

スターリンの最も身近な政治的同僚について、同時代人と歴史家の両方が抱いていた一般的な意見は、意気地のない老いぼれ馬の集まりで、指導者の言いなりで、奴隷にほかならないというものだった。これらの人々――モロトフ、ミコヤン、フルシチョフ、ベリヤ、ヴォロシーロフ、カガノーヴィチ、マレンコフ――の平均年齢は約六十歳で、最年長がヴォロシーロフ（一八八一年生まれ）、最年少がマレンコフ（一九〇一年生まれ）だった。彼らはスターリンとともに大粛清を、共同執行者としても、潜在的な犠牲者としても、経験した。戦時中はスターリンとも、お互いにも、仲間として仕事をした。そして困難な戦後の歳月を耐えた。その際にはスターリンはしばしば不在で、どんどん衝動的になっていき、終わりの頃には、恐らく彼らの血を求めていた。スターリンへの忠誠は、彼らのＤＮＡに組み込まれていたと考える向きもあろう。だが、彼らの誰もスターリンを全面的に否定したりは決してしなかったが、明らかに大半が内心に疑いと留保を抱えていた。政治局員アナスタス・ミコヤンの成人した息子ステパン・ミコヤンが述べたアネクドートは示唆的である。父親の気を引こうとして、ステパンは葬儀に先立って、安置されたスターリンの遺体に最後のお別れをしたと告げた。「おまえは時間を無駄にしたな」と父親はそっけなく言った。スターリンを尊敬するよう育てられたステパンはショックを受けた。「スターリンへの批判的な態度があり得るということ、そして私の父がそうした態度をもっていたというこの、最初の兆しだった」。

新政府では、マレンコフが閣僚会議議長（訳注1）として、国のトップの職に就いた。公安の長というかつての地位に就いたベリヤは、最もダイナミックな人物に見えた。外交の長に戻ったモロトフは、より年長の政治家であった。ミコヤンは通商を、ブルガーニンは国防を（アレクサンドル・ヴァシレフスキー元帥と、第二次世界大戦で名声を得たゲオルギー・ジューコフ元帥を副官にして）、フルシチョフは党書記であった（スターリンのように「書記長」ではなかった）。

スターリンの葬儀の二日後、ベリヤはモロトフ夫人を流刑地から釈放し、カザフスタンから飛行機で連れ戻して夫と再会させた。急進的政治改革が急速に導入され、目まぐるしい勢いで次々と続いた。ベリヤの発案で「医師団陰謀」の訴追は中止され、医師らは釈放され、彼らが自由になったことは新聞で発表された。その次には、これもベリヤの発案で、グラーグでの大規模な恩赦が行われた。まずは百万人の「非政治的」囚人から始まったが、まもなくして、より漸次的にではあったが、政治囚にも及んだ。バルト諸共和国では、ロシア化推進の方向が逆転され、ベリヤは現地人の昇進を大急ぎで行うように主張した（秘密警察のラトヴィア支部が、民族主義者としてブラックリストに載っていないラトヴィア人候補者は尽きたとベリヤに告げると、ベリヤはそんなことは関係ないと言った）。これまでいたるところで見られたスターリンの名前が突然新聞から消えた。スターリン著作集は突然出版停止になった。農村の陰惨なまでに低い生活水準を引き上げるべく農業改革が導入された。小売価格は目覚ましく引き下げられ、マレンコフはより多くの消費材を都市部の住民の手に届くようにする任務を引き受けた。スターリンの下でさえある種の市民社会の隠れ家として機能した、主要な「本格」文芸誌に改革志向の編集者が任命された。

チームが「集団指導」を名乗って表舞台にいっしょに出てきたとき、観察者たちは後期スターリン主義者たちの外見における硬直した形式主義とはまったく違う、彼らのやりとりにおける気安い仲間関係の現われに気づいた。ソ連の新しい指導者たちは、「硬い表皮をもつサボテンが花開いているようだ」とアメリカ人記者ハリソン・ソールズベリは評した。アメリカ合衆国政府はなかなか変化に応えなかったが、ソ連の新しい指導者たちは彼らに信号を送るためできる限りのことをした。スターリンの葬儀でのマレンコフの弔辞は、平和と国際協力を切に訴え、故人についてはおざなりにしか触れなかった。スターリンの死後わずか数か月で、ソ連は朝鮮戦争休戦に合意した。アイゼンハワー大統領はこれらの打診に気づき、まともにとっていいものかどうか考えたが、狡猾なソヴィエトの豹は本当には決して性格を改められないという認識でいたダレスに、まともにとらぬよう説得された。新しい学術分野であるソヴィエト学の専門家は、「汝の敵を理解せよ」の旗幟の下で活動し、ソ連やナチス・ドイツのような全体主義社会は改革の能力をもたず、戦争に負けてやっと崩壊すると断じた。アメリカ合衆国の反応が鈍かったことは、西側に申し入れをするのは無駄だという、集団指導体制内のモロトフのような強硬派が抱いていた見解に、信憑性を付与した。帝国主義の豹は決して性格を改められない……

一九五三年六月、集団指導体制はメンバーの一人を追放し、後に処刑した——改革派のうちで最も精力的かつ急進的であった、秘密警察長官ラヴレンチー・ベリヤをである。彼らは、ベリヤが自分たちの個人的な弱みをあまりに多く握っていること、全国的な支持者網をつくるために共和国と地方の指導者に対してコンプロマート（警察ファイルから抜粋された名誉を汚すような資料）を利用していること、出身地のジョージアで彼自身の個人崇拝を奨励していること、彼が実際には社会主義を大事にしていないこと

（訳注1）一九四六年に人民委員会議は閣僚会議に、人民委員は大臣に改称された。

を懸念していた。彼らはまた、ベリヤが目立ちたがりで同僚に対する本当の敬意を欠いているとも考えた（カガノーヴィチは一例をあげるとベリヤから「私が権威だ。私はリベラルだ。スターリンのあと私は恩赦を与える。私は暴露する。私は何でもやる」と聞かされうんざりしていた）。ベリヤの逮捕は、犠牲者となった彼を全くもって驚かせたのだが、フルシチョフによって指揮されたもので、ポスト・スターリン指導部の最前面に彼が向かう最初の一歩となった。反ベリヤ作戦には大規模な中傷キャンペーンが伴い、とりわけ（ソ連では珍しかったが）ベリヤの性生活に焦点をあてた。非公開の軍事裁判は一九五三年十二月にベリヤに反逆罪の有罪判決を下し、死刑を課した。

西側では、権力の座についているソ連政治局は指導者を必要とするというのが普遍的に認められた真理であった。それゆえ定義によって、一九五三年から一九五七年――「集団指導」の時期――は、一九二三年から一九二七年にかけてのときのように、将来の指導者が現れてライバルを取り除くまでの「空位時代」にすぎなかった。ソ連公衆も恐らくそのように考えただろうし、政治エリートも同様だが、それはある点までにおいてだった。頂点にヴォーシチ〔領袖〕を置くというソ連の伝統はたしかにあったが、集団指導の伝統もあった――すなわち党指導者の小グループのことである（通常は「政治局」と呼ばれたが、一九五二年から一九六六年までは「幹部会」であった）。そのメンバーは国防、通商、重工業といったさまざまな部門に職務上の責任を負い、ヴォーシチが議長を務めるもと、集団として頻繁に会議を行い、政府の大変な仕事を数多くこなしたのである。これがレーニンのもとでのモデルであったし、必要な修正をくわえた上で、スターリンのもとでもそうであった。新しい指導者たちにとっては、政治局とヴォーシチの両方が規範だったのであり、ヴォーシチなしの政治局をもつことは規範の内にあったが、逆はそうではなかった。スターリンが死んだのちに、新指導部の幾人かのメンバー――マレンコフ、ミコヤン、いかなるヴォーシチの地位に対しても当初は推定上の先頭走者であったモロトフを含む——は、新しいヴォーシチのいない集団指導を心から望んでいたようであるし、他方でほかの者たち、特にベリヤとフルシチョフは、内心ヴォーシチの地位を勝ち得たいと願っていたようである。

集団指導体制は決して自分たちを改革者であるとは宣言せず、ただ単に改革を開始した改革者なのであった。これは部分的には、彼らのかつてのボスであるスターリンへの、また、彼の支配のもとで起こった流血への、彼らの関係という厄介な問題を避けるためだった。ベリヤを取り除いたことは役に立った。公安の長として、ベリヤをスターリンに悪影響を与えた人物として描いてみせ、テロの責任を負わせることができたからである。それでも、集団化の行き過ぎについてベリヤを非難することは難しかった。ベリヤはジョージアの共和国書記としてそれを緩和することにきわめて成功していたのだから。大粛清についてもそうだった。ベリヤは大粛清が終わりつつあるときになってから、後片付けをするために、秘密警察の長となるべくモスクワに呼ばれたのだった。

大粛清はほぼ二十年前のことだったが、それをどう取り扱うべきかという問題はよりいっそう厄介になっていった。犠牲者はグラーグから戻りつつあり、昔の友人ら（集団指導体制のメンバーを含む）と接触し、身の毛もよだつ話をした。彼らは自分たちの名誉が回復されることを求め、モスクワへの居住許可と住居については言うまでもなかった。改革志向の雑誌は彼らの回想を公刊したいと考えた。「見ないようにしていれば、思い出さなくなる」は戦略としてますます擁護できなくなった。一九五五年十二月、強硬なスターリン派として知られる中央委員会書記ピョートル・ポスペロフを議長とする委員会が、大粛清において本当のところ何が起こったのかを調査するために任命された。その結果は七十ページに及ぶ衝撃的な報告書であり、一九三五年から一九四〇年にかけて約二百万人が「反ソヴィエト活動」で逮捕され、六十八万八千五百三人が銃殺となったと述べられていた。政治局はこうした発見についてどうすべきかを議論した（もちろん、情報が洩れるにちがいなかった）。特別に残忍だったことは一度もなく、一九五四年以後、元政治犯の名誉回復に係る委員会の議長を務めていたミコヤンは、真実を語ることに賛成した。ヴォロシーロフ、カガノーヴィチ、モロトフは、失うものが最も多く、より熱意に欠けた。最終的に、フルシチョフがイニシャティヴを取って、一九五六年二月二十五日の第二十回党大会で予定になかった報告を行った。

フルシチョフの演説でいちばん衝撃的な箇所は、党の上層部に対するスターリンのテロルの衝撃を扱っていた。中央委員会メンバーの七〇パーセント（百三十九人中九十八人）が大粛清の犠牲になったとフルシチョフが言うと、代議員たちは息を呑んだ。より最近のことに目を向けて、「スターリンがあと数か月舵を取っていたら、同志モロトフとミコヤンはこの大会でいかなる演説を行うこともなかったであろう」とフルシチョフが述べると、代表たちはふたたび息を呑んだ。フルシチョフは集団化の「行き過ぎ」（ただし集団化そのものではなかった）、一九三七年の軍の最高司令部の破壊、戦争中のスターリンの「あやまち」（とくにウクライナに関するエピソード。そこではフルシチョフが共和国の党書記としてスターリンと衝突したのである）、チェチェン人、クリミア・タタール人のような小規模民族の戦時中の強制移送、スターリン晩年のレニングラード事件と反ユダヤ主義キャンペーンを批判した。彼は、セルゲイ・キーロフ暗殺の背後にはスターリンがいたかもしれないと示唆しさえした。

フルシチョフの演説は西側で「秘密演説」とレッテルが貼られ、事実、西側に隠しておこうとするむなしい試みが行われた（大会に来ていたポーランド代表がそれをリークし、ＣＩＡが世界に広めたことで、この試みは挫折した）。だが、国内では秘密でも何でもなかった。国中で行われた党の集会で全体が読み上げられたからだ（党員以外にも知らされた）。熱の込もった大衆討論が続き、さまざまな見解が表明された。退役軍人たちはスターリンが行った戦時中の指導に対する批判を聞いて仰天した。学生と知識人は文化の自由化が行われる見込みが示唆されたので興奮した。ロシアの地方都市のなかには、これが刺激となって地方党指導者の腐敗を攻撃したところもあった。中央アジアで問題となったのは、共和国当局内におけるロシア人の「植民地」主義的な姿勢であった。ソ連内で現実に市民による騒動が発生したのはただ一箇所、ジョージアのトビリシだった。スターリンの三回忌として数日間おおむね平和にデモが行われたあと、軍の部隊が発砲し二十一人が死亡した。

東ヨーロッパでは話はまた別だった。秘密演説によってポーランドとハンガリーで危機が生じた。モスクワで入院していたポーランドのベテラン共産党指導者ボレスワフ・ビエルトはこれを読んで心臓発作を起こし、死亡した。ポーランドの状況は――刑務所から釈放されたばかりのウワディスワフ・ゴムウカが、（訳注2）モスクワの承認を得ずポーランド共産党の指導を引き継ぐ構えを見せ、加えて、国防大臣を務めるポーランド生まれのソヴィエト市民コンスタンチン・ロコソフスキーに対し辞任を求める扇動があった――非常に警戒を要する事態と見えたので、ソ連政治局ほぼ全員に加え、ジューコフ元帥とワルシャワ条約機構司令官イワン・コーネフがワルシャワに飛んだほどであった。ゴムウカを承認し、ロコソフスキーを辞任させるという代価を払って火は消えた。だが、一週間もたたないうちにハンガリー情勢が、西側から声援を受けつつ急転した。十月、苦難に満ちた討議と幾度もの考え直しを経て、ソ連軍がブダペストに派遣された。これによって最終的に状況が安定し、ソ連が最も恐れていたこと、つ

（訳注2）古くからの共産党指導者であるが、民族主義的偏向があるとして一九五一年から収監されていた。

まり東ヨーロッパの一国がソヴィエト・ブロックのワルシャワ条約機構から離脱することは回避したが、〔ソ連の〕威信は大いに損なわれた。西側の政府と一般世論はハンガリー革命を粉砕したことに激怒したが、中国はソ連のこの行動を支持した少数の国のうちの一つだった――だが、毛沢東は別の理由から不快感を抱いていた。すなわちフルシチョフがスターリンを非難したことだった。中国共産党にとっては、恐るべき「修正主義」（革命的熱情を喪失し、資本主義に対し軟弱になること）のにおいがしたからだ。

フルシチョフは、形式上は今なお政治局において同等なものたちの一人でしかなかったが、はっきりと力があることを見せつけ、マレンコフ（ソヴィエト政府の長）を中央舞台から押しのけつつ、モロトフへの挑戦を始めた。ヨーロッパに友人をつくるため一九五五年に外遊に出たのはフルシチョフと、彼の格下の相棒ニコライ・ブルガーニンであった。彼らがうろつく際に身に着けていた、だぶだぶの紫がかった揃いのサマースーツは、西側に奇異の念を起こさせたものである。西側との良好な関係の発展がハンガリーでの出来事によって後退する中、第三世界でソヴィエトのイメージを構築することが当面の課題となった。フルシチョフとブルガーニンは一九五五年にインドを訪問していた。追訪したジューコフ元帥は象に乗って写真を撮った。

フルシチョフを低級な喜劇の出し物とする西側の見方は、ソ連でもかなりの程度まで共有されていた。特にインテリゲンチャの場合にはそうだったが、より広範なソヴィエトの公衆も指導者にはもっと重みがあった方がよいと考えた。だが、ソヴィエトの状況下では指導者の座を決めるのは一般の人々の投票ではなかった。フルシチョフがベリヤを抹殺したやり方を見ると、このウクライナ農民のシャツの下にずる賢い政治的策士が隠れていることは明らかだった。一九五七年、政治局の同僚の多数派がフルシチョフを抑え込もうと試みたとき、フルシチョフは形勢を逆転して勝利者として立ち現れ、彼の反対者――党が自分たちの生涯そのものだったカガノーヴィチとモロトフを含む――に「反党グループ」のレッテルを貼ることで追い討ちをくわえた。彼らの敗北が実現したのは、正式に政治局を選出する機関である党中央委員会の臨時会議においてであった。スターリンの時代と同様に、中央委員会のメンバーの多くは地方の党書記で、やはりスターリンのように、フルシチョフはモスクワにおける書記局の長としての権能において党の人事を監督していた。何かまずいことが起こった場合にそなえて、フルシチョフはジューコフ元帥を控えさせておいたが、万事順調に進んだので、軍の介入は必要とはならなかった。敗者に大きな報復を行わない指導者の交替をソ連で最初に成し遂げたことを、フルシチョフは誇りにしていた。実際これは幸せな先例であったと、七年後に自分の番が来たときにフルシチョフは振り返ったに違いない。ミコヤンを除く全ての古参幹部は政治局から締め出され、モスクワから遠いところでの小さな任務へと左遷された。カガノーヴィチはウラルのカリウムプラントの所長、マレンコフはカザフスタンの水力発電所の所長、モロトフはモンゴルのソヴィエト大使になった（悩ましいことに、マレンコフとモロトフの二人は模範的な党規律と労働倫理を示し、彼らの新しい任務をよくこなしたので、いっそう格下の地位に移すことが必要となった）。

フルシチョフ時代

フルシチョフはよく言われるように、ポスト・スターリン時代の改革の創始者というわけではなかったにしても、精力的なイノベーターであり――そして時には、彼の中傷者にしたがうならば、「無謀な計画を行う人物」であった――ソ連をその最大の経済的成功の時期において率いたのだった。一九五〇年代を通じてGNPは年約七パーセント成長した。比較すると、アメリカ合衆国では三パーセント以下だった（もちろんソ連のGNPはより低いところから始まったのであったが）。一九六〇年の工業生産は一九五〇年の約三倍で、一九四〇年レベルの五倍に近かった。それに農業生産も向上した。一九六二年までにソヴィエト国民の過半数が都市住民となった。一九二〇年代半ばには五〇パーセントをさして上回ることのなかった成人識字率は、今や一〇〇パーセントに近くなった。新しい消費材が都市住民ばかりか農村住民にさえも届き始めた。一九六五年までに、三二パーセントの世帯にテレビがあり、一七パーセントが冷蔵庫を、二九パーセントが洗濯機を所有した。平均寿命は一九二〇年代半ばには四十歳以下だったが、二十年後には六十代後半になった。一九二〇年代にははるかに先を行っていたアメリカ合衆国に追いつこうというところまできた。ソヴィエトの歴史でたった一度きりだが、ソ連が西側にまもなく追いつき、追い越すという主張（フルシチョフが声高に主張した）が現実にあり得るように見えた。

改革者としてのフルシチョフの強みは、ものごとを大きくとらえることだった。フルシチョフ自身を形成した行政経験は一九三〇年代初めのスターリンの最初の五か年計画と文化革命の全盛期だった。フルシチョフはこの精神をもう一度つかまえようとした。彼の野心的な処女地開発計画は、カザフスタンの広大な領域を大規模な国家投資のみならず若い人の熱意と冒険精神の動員を通して穀物生産に利用する構想だった。フルシチョフの見方では、これこそが社会主義を建設するやり方であった。彼はキャンペーン方式の「歓喜と興奮」を決して忘れることがなかった。そうした方法は、彼が引退後に書いた回想録で少々悲しそうに書いているように、「人民が信頼してくれさえすれば、わが党がいかに強大になりうるかをわれわれに教えてくれた」。現場レベルでの同志裁判と志願制の「ドルジンニキ」（ソヴィエト版自警団）は、フルシチョフ時代に奨励された草の根参加のもう一つの例だった。党員は一九五四年の七百万人を若干切るところから、一九六四年には千百万人に拡大した――依然男性が優勢だったが、女性も党員の二一パーセントにまでじわじわと増えていた。

ドルジンニキは、もちろん、体制に順応しないならずものの集まりとなることもありえたのであり、フルシチョフ版の参加社会主義は、「社会に寄生する者」――労働せずに、グレー経済の周縁で生きている人々――に矛先を向けたキャンペーンも含んでいた。若いころ経験した文化革命の精神に忠実だったフルシチョフは、宗教上の寛容を拡大する戦後の流れを逆転させ、教会を閉鎖し、聖職者に嫌がらせを行い、大学に「科学的無神論」という必修コースを導入した。村落レベルでは宣伝活動家が、今や宇宙飛行士が宇宙を飛行するようになったが、神の影も形も見ていない、と指摘した。モスクワのかつて救世主ハリストス大聖堂が立っていた空き地（一九三〇年代にソヴィエト宮殿の用地とされたが、決して建てられることはなかった）は、一年中使える素晴らしい屋外プールとなった。冬に泳ぐ人々は蒸気のクッションによって冷たい外気から守られた。

フルシチョフにとってソ連は労働者革命の産物であり、彼は決して労働者や農民への帰属意識を失わなかった。一九三〇年に彼を工業アカデミーへと導いたアファーマティヴ・アクション政策はソ連自体においてはとうの昔に消滅していたが（東欧と、一九三九年にソ連に編入された地域とは、戦後になってそれを味わうこととなった）、フルシチョフにとっては今なお素晴らしいものであると思えた。教育職にあるものや知識人にとっては迷惑だったが、彼はこれを復活した。成功は部分的なものでしかなかったけれども。

初等教育は一九三〇年代にはほぼ万人が享受できるものに近づいていた。一九五〇年代と六〇年代には、中等教育が飛躍的に拡大した。一九三九年から一九五九年にかけて、十歳以上で何らかの初等教育

モスクワの新しい住宅。1963年。

以後の教育を受けた国民の割合は三倍以上になり、増加は次の国勢調査までの期間にも続いた。二十歳から二十九歳までの高等教育機関を卒業した者の割合は、一九五九年から一九七〇年にかけて二倍になり、五三パーセントに達した。

ソ連は常に福祉国家であることを希求してきた（福祉国家という言葉こそ一度も使わなかったが）のであるが、フルシチョフ時代にはこれが現実になり始めた。イギリスの経済学者アレク・ノーヴが一九六〇年に「ソ連は福祉国家か？」と問いかけたが、これはソヴィエト学では新しい問いだった。ノーヴの答えはイエスで、彼は老齢及び障害年金（一九五六年の改革で引き上げられ、万人が享受できるようになった）、傷病・出産給付金、有給休暇、労働日の縮減（革命により廃止された非労働「週末」の再導入に向かう動きを含めて）を挙げた。老齢障害年金を受け取る人々の数は一九五九年から一九七〇年にかけて百万人から一千四百万人に増えた。

フルシチョフが最も野心的な社会福祉計画を開始したのは都市住宅の分野であった。一九二〇年代以来、事実上新しい住宅は建てられず、都市部住民は人でいっぱいの共同住宅〔訳注3〕に、学生や村からやって来たばかりの単身労働者は寄宿舎や兵舎に押し込まれた。フルシチョフはプレハブ建材を使用する巨大な建築プログラムに着手し、一九五六年から一九六五年にかけて一億人以上の人々が新しいアパートに引っ越せるようになった。もちろん、いたるところに建てられた五階建ての棟――ロシア語のスラム（トルシチョブイ）をもじってフルシチョブイというあだ名がついた――には問題があった。こうした棟が続々つくられたのは新しい「マイクロ地区」で、そこには新築の店舗および交通輸送システムが整えられることになっていたが、当初はそうはならなかったのである。とはいえ、一億の家族が今や自分たちだけのキッチンテーブルと、運がよければ親と子どもたち、それぞれの寝室を持てることになったのである。

キッチンテーブルを囲んで座ることは――言い換えるとプライベート空間で家族や友人たちとともに過ごすこと――は、フルシチョフ時代の象徴といってもよかった。西側で市民社会と呼ばれる、国家から切り離され、世論が成長し得る空間が可能になったからだ。その成長に貢献したものとしてはさらに、限界があったとはいえ、外国旅行の新しい可能性があった。スターリンの下で西側文化とスパイの両方

（訳注3）コムナルカといって、一つのフラットに複数の世帯が居住し、台所やトイレなどは共用した。

を寄せ付けないでいた、固く閉じた国境が緩んだためだった。一九三九年、ソ連には高等教育を受けた五百万人を少し下回るホワイトカラー労働者がいた（労働人口の三パーセント）が、一九五九年には八百万人、一九七〇年までに一千五百万人（労働人口の六パーセント）になり、さらに増え続けていた。西側から見ると、彼らは中流階級のように見えたが、中流階級という言葉はソ連では言外の意味（「ブルジョアジー」）があった。それゆえ「インテリゲンチャ」という言葉が使われた――そしておそらくはその革命前の先行者がもっていた理想主義と高い道徳的使命感のようなものは実際にこのグループ内で生き続けていた。今やそのメンバーの大半は、労働者階級や農民を親にもつ、ソ連的教育を受けた子弟たちであるという事実にもかかわらず。

　文化においては、フルシチョフ時代は「雪どけ」として記憶されている（イリヤ・エレンブルグの同名の小説にちなんで）。それが示唆するものは、厳しい冬のあとに、氷と雪が解けることである。実際の雪どけのあいだにロシアで過ごした場合、誰でも知ることになるわけだが、雪どけは大量の泥濘を生み出し、冬のあいだ雪の下に隠れていたあらゆる類のごみも現れ、悪臭を放ち、それらは処理されねばならないのである。フルシチョフの秘密演説はこの過程の一部だった。だが、雪どけにはもう一つの面もある。すなわち、厳しいロシアの冬のあとやってくる春の最初の兆しと結びついた、ほとんど感覚的な興奮である。なんでも可能だという陶然たる感覚があった――共産主義すらも。その二〇年以内の到来をフルシチョフは軽率にも一九六一年に予言したのだった。

　インテリゲンチャにとっては、以前禁止されていたことについて書くことができるようになっただけでなく、そうすることが市民の義務だとも思われた。ウラジーミル・ドゥジンツェフの小説『パンのみにあらず』は、創造性の敵である「官僚」を徹底的に叩いた。アレクサンドル・ソルジェニーツィンのグラーグを書いた自伝的小説『イワン・デニーソヴィッチの一日』は、この時代の特徴である検閲との壮大な戦いを行った末、本格文芸誌『ノーヴィ・ミール（新世界）』で発表することをフルシチョフにより認められた。何か「大胆な」ものがどこかの雑誌に載ると、誰もが買おうと殺到した。検閲が出版を阻むと、人づての噂がモスクワとレニングラード中に広がった。芸術においても形式をめぐる実験があったが（ピカソの作品展はモスクワにセンセーションを引き起こした）、（形式へのこだわりよりも）「真実を語る」衝動のほうが支配的だった。エフゲーニー・エフトゥシェンコは何千人もの聴衆に向かい、スポーツスタジアムで自分の詩を朗読した。ドミトリー・ショスタコーヴィチの新作は、孤独な芸術家による国家抑圧への抗議であると広く解されたが、そのプレミアはコンサートに来た聴衆の涙をそそった。歴史学者は現代にとっての参照例としての「民主的なレーニン」を、法律家は合法性に敬意を抱くレーニンを、経済学者はＮＥＰを導入して市場経済の部分的な復活を認めたレーニンを、再発見した。

ソ連の宇宙計画が一九五七年にスプートニクを打ち上げ、ついで一九六一年にユーリー・ガガーリンを宇宙最初の人間とすると、フルシチョフは国際的にも国内的にも大成功を勝ち得た。このことはアメリカ合衆国を動揺させた。アメリカは、数年前には原爆と水爆の技術をめぐってそう考えていたように、宇宙開発においてもみずからが当然の独占権をもつものと考えていたのである。フルシチョフは一九五九年にアメリカ合衆国に初訪問を果たし、大いに興奮した。目にしたすべてのものが彼を魅了した。摩天楼と高速道路から資本家に至るまで（「わが国の内戦のあいだに描かれたポスターそのままだった――わが国の芸術家がいつも彼らに与えていた豚の鼻がないだけだった」）。さまざまな反応があったが、西側もフルシチョフに魅了された。ソ連が東ヨーロッパで帝国主義者としてふるまっているとほのめかされたことに対し、彼が靴を脱いで国際連合の演壇を叩くと、国内でも外国でも粗野な行為とみられた。「歴史はわが方に

フルシチョフ国連総会で靴を振り上げ叩く。1960年。

ある。われわれはあなたがたを葬ることになる」という彼の有名な野次は、脅しとして受け取られた。実際にはそれは、マルクス主義者の公理（社会主義は歴史上資本主義を継承する）を憤慨しながら繰り返しただけであったのだが。

　だが、国際関係にはソヴィエトのやり方にそぐわないことが数多くあった。中国は一九四九年の革命により共産主義体制を導入した唯一の別の大国だったが、一九六一年にソ連の「ビッグブラザー」の後見を打ち捨て、ソヴィエト顧問を追放して、世界共産主義運動を分裂させた。ドイツは慢性的な冷戦問題であり続けた。ドイツ民主共和国はソヴィエト・ブロックの一部であり、ドイツ連邦共和国はアメリカの保護下にあった。困ったことに、資本主義の華美と歓楽のほとんどパロディーである西ベルリンがあまりに魅力的であったので、東ドイツ国民を農場に抑えつけておくか、少なくともソヴィエト・ブロックの最も優秀な工場で「ドイツの質の製品」を生産させ続けるために、ベルリンの壁を建造しなければならなかった。

　フルシチョフはときに西側から軍事力をひけらかす存在とみられることもあったが、現実には軍事支出をかなり抑制した。アイゼンハワーとの私的な会話で、二人は「軍事力の指導者は、資金配分にあたっては、自分の言い分を非常に強情に押し出してかまわないのである」ということで一致したし、フルシチョフは軍ロビイストにとってだましやすい相手ということは全くなかった。彼は軍を二百五十万人以下に削減し（現代世界であてになるのはミサイルであって地上軍ではないとして正当化した）、支出総計と

人文書院
刊行案内

2024,8

鴨川鼠（深川鼠）色

ザッハー＝マゾッホ集成全三巻

ザッハー＝マゾッホ 著
平野嘉彦／中澤英雄／西成彦 訳

各巻￥11000

Ⅰ エロス

習俗を巧みに取り込んだストーリーテラーとしてのマゾッホの筆がさえる。本邦初訳の完全版「毛皮のヴィーナス」、「コロメアのドンジュアン」ほか全4作品を収録。

Ⅱ フォークロア

ドイツ人、ポーランド人、ルーシ人、ユダヤ人が混在する土地。民族間の貧富の格差をめぐる対立。複数の言語、ガリツィアの雄大な自然描写、風土、民族、習俗、信仰を豊かに伝えるフォークロア的作品。「ハイダマク」ほか全4作品を収録。

Ⅲ カルト

あるいは「草原のメシアニズム」、あるいは「農本共産主義」（ドゥルーズ）を具現する、ロシア正教の異端宗派、ユダヤ教の二つの宗派など、さまざまなカルトが蟠居する東欧のスラヴ世界。マゾッホの宗教観を如実に語る「漂泊者」ほか、5編の小説および2編の論考を収録。

◎内容見本進呈
お問い合わせフォームにて送り先をお知らせください。お一人様1部までお送りします。

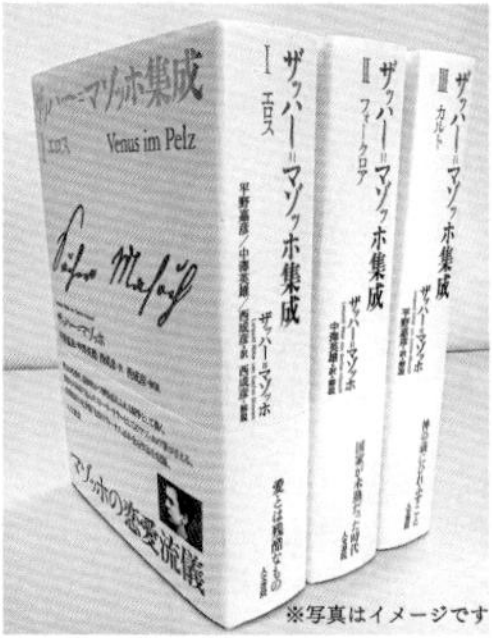

※写真はイメージです

詳しい内容や収録作品等の情報は以下のQRコードからどうぞ！

■小社に直接ご注文下さる場合は、小社ホームページのカート機能にて直接注文が可能です。カート機能を使用した注文の仕方は**右のQRコード**から。
■表示は税込み価格です。

人文書院
〒612-8447 京都市伏見区竹田西内畑町9
TEL075-603-1344／FAX075-603-1814
編集部 Twitter(X):@jimbunshoin
営業部 Twitter(X):@jimbunshoin_s
mail:jmsb@jimbunshoin.co.jp

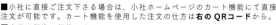

新刊一覧

セクシュアリティの性売買

キャスリン・バリー 著
井上太一 訳

搾取と暴力にまみれた性売買の実態を国際規模の調査で明らかにし、その背後にあるメカニズムを父権的権力の問題として理論的に抉り出した、ラディカル・フェミニズムの名著。

¥5500

人種の母胎

性と植民地問題からみるフランスにおけるナシオンの系譜

エルザ・ドルラン 著
ファヨル入江容子 訳

性的差異の概念化が、いかにして植民地における人種化の理論的な鋳型となり、支配を継続させる根本原理へと変貌をしたのか、その歴史を鋭く抉り出す。

¥5500

戦後期渡米芸能人のメディア史

ナンシー梅木とその時代

大場吾郎 著

日本とアメリカにおいて音楽、映画、舞台、テレビなど活躍し、日本人女優で初のアカデミー受賞者となったナンシー梅木の知られざる生涯を初めて丹念に描き出す労作。

¥5280

翻訳とパラテクスト

ユングマン、アイスネル、クンデラ

阿部賢一 著

文化資本が異なる言語間の翻訳をめぐる葛藤とは？　ボヘミアにおける文芸翻訳の様相を翻訳研究の観点から明らかにする。

¥4950

マリア＝テレジア 上・下

「国母」の素顔

B・シュトルベルク＝リーリンガー著 山下泰生／伊藤惟／根本峻瑠訳

「ハプスブルクの女帝」として、フェミニズム研究の範疇からも除外されていたマリア＝テレジア、その知られざる実像を解き明かす、第一人者による圧巻の評伝。

各¥8250

戦後期渡米芸能人のメディア史

ナンシー梅木とその時代

大場吾郎 著

日本とアメリカにおいて音楽、映画、舞台、テレビなど活躍し、日本人女優で初のアカデミー受賞者となったナンシー梅木の知られざる生涯を初めて丹念に描き出す労作。

¥5280

読書装置と知のメディア史

近代の書物をめぐる実践

新藤雄介 著

書物をめぐる様々な行為と、これまで周縁化されてきた読書装置との関係を分析し、書物と人々の歴史に新たな視座を与える力作。

¥4950

ゾンビの美学

植民地主義・ジェンダー・ポストヒューマン

福田安佐子 著

ゾンビの歴史を通覧し、おもに植民地主義、ジェンダー、ポストヒューマニズムの視点から重要作に映るものを仔細に分析する力作。

¥4950

新刊一覧

イスラーム・デジタル人文学

須永恵美子 編著
熊倉和歌子 編著

デジタル化により、新たな局面を迎えるイスラーム社会。イスラーム研究をデジタル人文学で捉え直す、気鋭研究者らによる最新の成果。

¥3520

ディスレクシア

マーガレット・J・スノウリング 著
関あゆみ 監訳
屋代通子 訳

ディスレクシア（発達性読み書き障害）に関わる生物学的、認知的、環境的要因とは何か？　ディスレクシアを正しく理解し、改善するための効果的な支援への出発点を示す。

¥2860

シェリング以後の自然哲学

イアン・ハミルトン・グラント 著
浅沼光樹 訳

シェリングを現代哲学の最前線に呼び込み、時に大胆に時に繊細に対決させ、革新的な読解へと導く。カント主義批判により思弁的実在論の始原ともなった重要作。

¥6600

一つの惑星、多数の世界

ドイツ観念論についての試論

ディペシュ・チャクラバルティ 著
篠原雅武 訳

人文科学研究の立場から人新世の議論を牽引する著者が、ラトゥール、ハラウェイ、デ・カストロなどとの対話的関係のなかで示す、新たな思想の結晶。

¥2970

近代日本の身体統制

宝塚歌劇・東宝レヴュー・ヌード

垣沼絢子 著

戦前から戦後にかけて西洋近代社会、民主主義国家の象徴とみなされた宝塚・東宝レヴューを概観し、西洋近代化する日本社会の身体感覚の変貌に迫る。

¥4950

福澤諭吉

幻の国・日本の創生

池田浩士 著

福澤諭吉の思想と実践——それは、社会と人間をどこへ導いたか？　福澤諭吉のじかの言葉に向き合うことで、その思想と実践をあらたに問い直し、功罪を問う。

¥5060

反ユダヤ主義と「過去の克服」

戦後ドイツ国民はユダヤ人とどう向き合ったのか

高橋秀寿 著

反ユダヤ主義とホロコーストの歴史的変遷を辿りながら、戦後、ドイツ人が「ユダヤ人」の存在を通してどのように「国民」を形成したのかを叙述する画期作。

¥4950

宇宙の途上で出会う

量子物理学からみる物質と意味のもつれ

カレン・バラッド 著
水田博子／南菜緒子／南晃 訳

哲学、科学論にとどまらず社会理論にも重要な示唆をもたらす21世紀の思想にその名を刻むニュー・マテリアリズムの金字塔的大著。

¥9900

今回のイチオシ本

思想としてのミュージアム

増補新装版

博物館や美術館は、社会に対してメッセージを発信し、同時に社会から読み解かれる、動的なメディアである。日本における新しいミュゼオロジーの展開を告げた画期作。旧版から十年、植民地主義の批判にさらされる現代のミュージアムについて、論じる新章を追加。

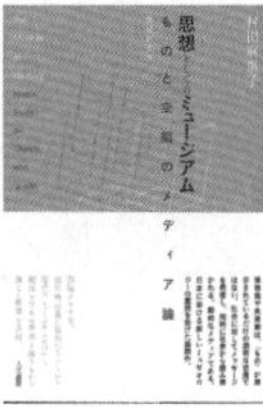

村田麻里子著

¥4180

呪われたナターシャ

復刊

現代ロシアにおける呪術の民族誌

三代にわたる「呪い」に苦しむナターシャというひとりの女性の語りを出発点とし、呪術など信じていなかった人びと―研究者をふくむ―が呪術を信じるようになるプロセス、およびそれに関わる社会的背景を描いた話題作、待望の復刊！

藤原潤子 著

¥3300

超越論的存在論

ドイツ観念論についての試論

存在者へとアクセスする存在論的条件の探究。「世界は存在しない」「複数の意味の場」など、その後に展開されるテーマをはらみ、ハイデガーの仔細な読解も目を引く、哲学者マルクス・ガブリエルの本格的出発点。

マルクス・ガブリエル著

中島新／中村徳仁訳

¥4950

はじまりのテレビ

戦後マスメディアの創造と知

1950～60年代、放送草創期のテレビは無限の可能性に満ちた映像表現の実験場だった。番組、産業、制度、放送学などあらゆる側面から、初期テレビが生んだ創造と知を、膨大な資料をもとに検証する。気鋭のメディア研究者が挑んだ意欲的大作。

松山秀明 著

¥5500

士官給与の両方を削減した。彼は、ナポレオンのような野心を抱いている疑いありとして、旧友ジューコフ元帥を引退させさえした。ベリヤと「反党グループ」に対する行動を支持してもらおうとフルシチョフが自らジューコフを政治舞台に招いたことを考えると、これは慎重であるとはいえ、特段に恩知らずな行為であった。

諸共和国の状況

一九六一年十月の党綱領には、民族問題に関するイデオロギー上の新定式が含まれていた。ソヴィエトの諸民族を接近させていけば(ズブリジェーニエ)最終的に融合(スリヤーニエ)をもたらし、その結果、単一のソヴィエト・アイデンティティが生まれるというものである。だが、これは長期的目標についての念押しであり、この目標に向けて直ちに力を入れていくという合図ではなかった。現場ではフルシチョフの雪どけの効果は、スターリン時代の厳しい制約から自由になった民族文化のルネサンスを刺激したが、それは反ソヴィエト的なものではなく、ソヴィエト国家が気前よく資金を提供した。一九三〇年代のソヴィエト的アファーマティヴ・アクション計画は、ソヴィエト的に養成されたが個別の民族的な色柄を帯びた、新しい土着のエリートとして結実した。こうしたエリートは次第に各自の共和国を本格的に運営するようになり、トップの地位にあたる共和国の第一書記を仲間内から出すこともあった。だが、現地でそれがどういう姿をとるかはかなりまちまちで、共和国により違っていた。

ウクライナはフルシチョフの下でうまくいった。彼がこの地で務めた時期から、フルシチョフにはウクライナ人の政治上の友人が数多くおり、彼はそういう人々による共和国の指導体制に支持を与えただけでなく、モスクワに連れてきて上級の地位に就けた。ウクライナ人に対するスターリンの疑念が、モスクワの中央委員会における彼らの過少代表をもたらしていたとすれば、フルシチョフの下で彼らの数は急増した（一九五二年の十六人から一九六一年には五十九人に増え、総人口の割合からすると、わずかだが過剰代表となった）。歴史的に工業発展の原動力だったウクライナは、戦後急速に産業を再建したあと、共和国による統制権を強めて、第一線に復帰した。ウクライナの党指導者であった一九四四年以来抱いていた野心を成就すべく、フルシチョフは一九五四年にクリミアをロシアの管理からウクライナの管理に移管した（ポスト・ソヴィエト時代の未来にとっての火種をつくることになった）。

一九二〇年代初期にどこか人為的につくられた中央アジアの諸共和国は、民族的独自性の感覚を成長させ始めていた。これは地理および「イスラームの生活習慣」——婚姻と死の儀礼、男性の割礼、祝祭と家父長的家族を含む——が課すところの共有されたアイデンティティと並存していた。これらの習慣は一九二〇年代と三〇年代の挑戦を乗り越えておおむね生き延びた。フルシチョフはこの地域を訪問し、ソヴィエトの開発政策の実例として第三世界に誇示することを好んだ。モスクワと中央アジアの間での資源の流れの点でいうと、中央アジアが有利だった。ダムとインフラストラクチャーが整備され、異なる共和国の全てが競い合って自国のシェアを拡大するためモスクワに対してロビー活動し、ほかの共和国とは違う民族的特徴があるという感覚を強くしていった。フルシチョフが反党グループと対立した際に、彼を支持した地域指導者の一人であったウズベクの指導者ヌリトディン・ムヒトディノフは、中央アジアの人として初めて政治局員に選ばれた。

ラトヴィアは一九四五年に再確立されたソヴィエト支配のもとで痛みを抱えてきた。一九四〇年代と五〇年代にその指導者を務めたのはラトヴィア人——大戦間の一時期をモスクワで過ごしたオールド・

ボリシェヴィキ、ヤーニス・カルンベルジンシュだったが、地元共産党はバルト諸国のほかの共産党と同様に、「ロシア」支配に対する人々の嫌悪を前にして、信頼を得るために奮闘した。二つの共和国のエリート達が、一九五九年に民族主義を非難されたが、ラトヴィア党指導部はそのうちの一つであった——そして、たしかにそれは、ラトヴィア住民の間で正統性を高める努力の一環として、ロシア人に対する差別政策に事実傾きつつあったのである。一九五九年に問題を抱えていたもう一つの共和国政府はアゼルバイジャンだった。反抗的な指導部が連邦法に反して、かなり大きな少数民族（ロシア人、アルメニア人、ジョージア人）のための学校を含め、共和国の学校すべてにアゼリ語の学習を義務づけた。彼らは経済的民族主義の咎でも有罪とされた。アゼルバイジャン閣僚会議の議長は、トビリシに至るカラ＝ダグ・ガスパイプラインに反対して、「このガスはわれわれのものだ、ジョージア人にはやれない」と言明した。

ウクライナと対照的に、カフカースはスターリンの死とベリヤの凋落のあと、総じて連邦内での地位の喪失に苦しんだ。ジョージア人とアルメニア人はスターリンの晩年にはソ連全体の中央委員会において過剰代表となっていたが、一九六一年までに代表の数は半分になった。しかしながら、彼ら自身の共和国においては、彼らは自分のやり方でやっていた。ジョージア人ワシーリー・ムジャヴァナゼがほぼ二十年間第一書記として居座ったジョージアは、アブハジア人や南オセチア人といった地元の少数民族に対する民族的抑圧、それに腐敗で有名になった。私企業が非常に高いレベルで許容されたので、観光客がうっかりソ連の外に出てしまったのではないかと思うほどだった。

フルシチョフは総じて地方指導者により大きな行動の自由を与えることに賛成だった。彼は自分が共和国の党書記だった時代から、現地の状況がわかっていないモスクワの省庁の官僚から尽きることなく出される指示にうんざりしたことを憶えており、地方党書記には自分の判断に従って行動できる余地を与えるべきだと考えた。一九五七年、フルシチョフは中央の工業関連省庁を解体し、それにかえて地域レベルで経済評議会（ソヴナルホーズ）をつくる計画を推進した。この動きには、中央政府官僚（彼の権力基盤の一部ではなかった）を弱め、地方党書記（彼の権力基盤の一部だった）を強化するという副産物があった。この改革は多くの官僚の怒りを買い、施行にあたっても大きな諸問題にぶつかったが、一九六二年にフルシチョフはさらにこれを推進しようとし、共和国と地方の党委員会を二つに分けて、それぞれが農業と工業を扱うようにして、おのおのの分岐が第一書記をもつとした。これは、フルシチョフ自身の権力基盤から怒りを買うことを意味した。地方党委員会の三分の一は決して実際には分かれることはなく、フルシチョフの「無謀な計画」のひとつとみなされたこの計画全体が、彼の没落直後に廃棄された。

フルシチョフの没落

ミコヤンは総じてフルシチョフの同盟者であったが、次のように考えていた。フルシチョフは反党グループに勝利を収めたあと「思い上がり」、「彼はもう誰のことも気にしなくていい」と感じるようになったと。だが、実際には、政治局を気にしないわけにはいかなかったし、世論に類するものについては言うまでもなかった。「市民社会」の序曲と目されていたインテリゲンチャとのさまざまな会合において、フルシチョフが冷静さを失い、現代芸術を「犬の糞」だと非難し、彫刻家エルンスト・ネイズヴェスヌイを「同性愛者」と呼び、エフトゥシェンコと罵りあいになった際には、政治局の同僚たちは顔をしかめた。社会のより下位のスケールにおいては、秘密警察監視下の一般の人々の会話は、よりいっそう敬意を失したものとなっていき、フルシチョフに関するジョークやあだながこれまで例をみないほど豊富になった——「トウモロコシ売り」(訳注4)「コメディアン」「トリックスター」「簒奪者」「皇帝ニキータ」、それに「トロツキスト」というものまであった。

1962年。フルシチョフ、モスクワ・マネージで行われた芸術展で。

　二つの出来事がフルシチョフの政治生命にとどめを刺すことになった。一つ目は一九六二年夏にロシア南部のノヴォチェルカッスクで起こった労働者のストライキだった。大いに恨みを買った肉とバターの価格引上げと、偶然同じときに行われた生産割当の引上げが原因だった。別の国で別の時代に起こったのだとしたら、ため息が出るニュースですんだかもしれない。だが、ソ連はストライキと暴動をやらない国であった（一九五六年のトビリシは稀有な例外だった）から衝撃は大きく、地方指導部はまずい対応の仕方をした。ノヴォチェルカッスク党委員会の建物の外でデモを行っていた人々に対し軍隊が発砲し、少なくとも二十四人が致命傷を負う結果となった。

　国際舞台でさらに悪いことが起こった。一九六二年十一月にキューバ・ミサイル危機が起こったのである。

（訳注4）彼が小麦にかえてトウモロコシの増産に励んだことに由来する。

フィデル・カストロの親ソ的なキューバ政府はアメリカ合衆国の攻撃を懸念して、ソヴィエトに軍事援助を求めていた。フルシチョフは秘密裏にソ連のわずかな備蓄から大陸弾道核ミサイルをいくつかキューバ政府に送った。彼は戦争を開始することを計画していたのではなかったが、アメリカの軍事行動を抑止することは意図していた。「敵のミサイルがつきつけられたら」（フルシチョフはトルコに配備されたミサイルのことを念頭においていた）どんな感じがするかを彼らに教えてやって、「少々しっぺ返しする」ことについては言うまでもなかった。アメリカ合衆国大統領ケネディは強く出て、フルシチョフが引かずミサイルを撤去しないなら核戦争になると威嚇した。緊張した膠着状態ののち、フルシチョフが従った。愕然として見ている世界には、超大国の競争が彼らを破局寸前まで追い込んだかのように見えた。フルシチョフの政治局の同僚も同様の反応だった——加えて、ひるんだのはソ連の側だったという屈辱感と、そもそもフルシチョフによって混乱に引きずり込まれたという怒りがあった。

一九六四年四月のフルシチョフの七十歳の誕生日に、彼に対する公的な崇拝は頂点に達したが、この時までに同僚たちは彼にすっかりうんざりしていた。レオニード・ブレジネフは、フルシチョフが庇護した人物で、処女地開発計画の間はカザフスタン党委員会の長を務め、今では政治局の一員としてモスクワに戻り、党第二書記となっていたが、その彼が主導して、フルシチョフ解任を支持する政治局員をひそかに集めていった。ＫＧＢのウラジーミル・セミチャストヌイも彼らの仲間に入り、予防措置としてフルシチョフの警備官を入れ替えたが、これは不必要な保険であった。十月、二日間の討議において、彼の同僚たちがフルシチョフの協調性の欠如と判断の誤りを批判し、困惑したフルシチョフがぎこちない応答をしたあと、完全に民主的手続きに則って彼は役職をはく奪された——政治局の全員一致での票決によるものだった。

フルシチョフはモスクワで残された七年の余生を年金生活者（権力をはく奪された指導者としては初めて）として送り、落胆の時期を乗り越えたあと回想録を口述し始めた。こちらはおそらく初めてではなく、というのはトロツキーも彼の前に書いていたのだが、トロツキーと違ってフルシチョフは忠実なままであり続け、国家機密を暴露することがないように注意していた。もっとも彼はざっくばらんで、しばしば同僚たちを笑いものにしたが。かつてフルシチョフのスピーチライターだったフョードル・ブルラツキーがのちにコメントしているように、彼が政治生活の後半でもった膨れあがった自信は消え去り、農民の常識と好奇心があとに残った。しかしながら、今なおソヴィエト時代であったから、回想録を国内で出版できないのは明らかだった。原稿はアメリカ合衆国で出版するためにひそかに国外に持ち出され、国際的ベストセラーになった。ソヴィエトの政治家は引退したフルシチョフに会うことを避けたが、訪問を怖がらない芸術家や作家と思いもよらず親しくなった。そのうちの一人が一九六二年にフルシチョフが軽蔑の対象にしたネイズヴェスヌイだった。モスクワのノヴォデーヴィチ墓地にある、フルシチョフの墓を飾る胸像は彼の作品である。

モスクワのノヴォデーヴィチ墓地にあるフルシチョフの墓。胸像はエルンスト・ネイズヴェスヌイ作。

第六章

ブレジネフ時代

政治局は合議制の原則を破ったという理由で、フルシチョフを取り除いた。だから当然フルシチョフに代わるのは「集団指導体制」でなくてはならなかった。それは三人組によって率いられた。解任を組織した張本人で、フルシチョフが辞任すると党第一書記(一九六六年から書記長)になったレオニード・ブレジネフ、閣僚会議の長であるアレクセイ・コスイギン、それに最高会議幹部会議長のウクライナ人ニコライ・ポドゴルヌイである。コスイギンは経済改革の推進者として早い時期から大いに注目を集め、経済の消費者方面の構築にあたったが、彼の政治的命運は一九六〇年代終盤に経済改革が傾いたのとともに傾き、一九七七年までにはポドゴルヌイも一線から退かされた。こうして、勝ち抜いたのはブレジネフだった。彼は最終的に国家と党と両方の指導権を獲得し、より後年になると、自分自身に名誉や勲章を、特に軍に関するものを浴びせかけた(あるいは彼の同僚たちによって浴びせかけられた)。政権は長期に及んだ――約二十年――が、身体と精神能力が衰え、一九八二年に死去する前の五年間はぼろぼろだった。そのことは、テレビに映し出される彼のどんどん弱っていく姿によって、公衆の目にもあまりに明らかとなった。

レオニード・ブレジネフは一九〇六年にウクライナのロシア人労働者階級一家に生まれた。一九三〇年代初頭に技師となる教育を受けて、フルシチョフの下でウクライナ党組織で政治家として出発し、ドニプロペトロウシク、モルダヴィア、カザフスタンで第一書記を務め、一九五六年初めに政治局員候補としてモスクワに移った。ブレジネフはインテリぶったところのない用心深い実務家で、多くの人々から凡庸だとみられた。ブレジネフは一般に知られるようになるにつれて、数多くのジョークの的になった。だが、ブレジネフは自分のことをジョークのネタにすることもできた。伝えられるところでは、スピーチライターがブレジネフの公開演説のひとつにマルクスからの引用を入れたいと考えたとき、ブレジネフは反対した。「そんなことをして何の意味がある？　レーニャ・ブレジネフがマルクスを読んだことがあるなんて誰が信じる？」。この「レーニャ」（レオニードの愛称）という言い方がいかにもブレジネフらしかった。彼の政治局の同僚はブレジネフのことをこう呼んだ。その代わりブレジネフは、ユーラ（ユーリー・アンドロポフ）、コースチャ（コンスタンチン・チェルネンコ）、アンドリューシャ（アンドレイ・グロムイコ）などと呼んだ。ウラジーミル・イリイチ（レーニン）、ヨシフ・ヴィサリオノヴィチ（スターリン）だったら、いやニキータ・セルゲーヴィチ（フルシチョフ）ですらも、これではなれなれしすぎると感じたにちがいない。（訳注1）

戦争の勲章を身に着けた指導者レオニード・ブレジネフ（1972年）

ブレジネフは、スターリンとフルシチョフが彼以前にそうしたように、同僚のなかで自分がいちばんになるように策を練ったが、その過程は流血とは無縁で、内輪から排除した者をつらい目に遭わせるようなこともしなかった（ブレジネフは通例、彼らに格下の閑職を見つけてやり、恩典は続けた）。後年小さな崇拝が広がったが、ブレジネフは基本的にフルシチョフよりはるかに同僚と合議したうえで仕事をするタイプだった。だから、かなり真性の政治局の集団性が見られた。定期的に会議や諮問が行われ、勝手に「無謀な計画」をすることはなく、集団的な決定がなされ、社交や家族同士の行き来があり、ブレジネフが自ら調整することもよくあった。共通することの多いグループだった。半数以上が労働者階級もしくは農民出身だった。ブレジネフのようにアファーマティヴ・アクション計画の下で高等教育に送り込まれ、たいていは工学を勉強した。若い大卒の共産党員として、大粛清のあと、この集団に可能となった非常に速い出世から恩恵を受けた。マルクス＝レーニン主義こそが彼らが青年期に学んだイデオロギーであり、資本主義的西側に対する疑念とともに、生産手段の国家所有を所与のものと考えた。同年代の多くは、ともに戦争を経験し、銃後で政府や党幹部の地位に就くか、ブレジネフのように軍の政治将校となった。

見方にもよるが、ブレジネフ時代はソヴィエト史のなかでいちばんよい、あるいはいちばん退屈な時代と言ってもよかった。だが、最悪の時代だったと言う者は誰もいない。ソヴィエト指導者には満足する理由が数多くあった。特に一九七〇年代、経済成長停滞の衝撃が打撃を与える以前にはそうだった。ソ連が初めてアメリカ合衆国と軍事的に対等になり、第三世界に等しく影響力を持って競い合う時代だった。大石油生産国になったソ連は、一九七〇年代後半には石油価格が国際市場で二倍になったことから有利だった。ソヴィエトのＧＮＰは絶対的にも他国と比べても上昇し続け、一九七〇年代初めにはアメリカ合衆国のＧＮＰに最も近づいた（それでも合衆国ＧＮＰの三分の一を少し超えたところだったが、一九四六年にはわずか五分の一だった）。

一九八〇年代までに、人口の三分の二が都市部で生活するようになった。戦争前夜には三分の一だった。失業の不安はなかったし、家賃と基本的食材価格は低く抑えられた。フルシチョフの下で始まったアパート建築計画のおかげで、バスルーム付きの独立アパートで生活するソ連の家族の割合は十年間に約二倍になった。消費者福利の指標はすべて上昇した。一九七〇年代初めには二家族に一つがテレビを、三家族に一つが冷蔵庫を所有していたのに対して、一九八〇年代の終わりまでに、各家族がそれぞれ一台ずつ持つようになった。自家用車――フルシチョフは眉をひそめた――も、幸運なわずかなものにとってだけであったかもしれないが、入手可能になった。都市部だけでなく農村の子どもたちも大半が中等教育を受けるようになった。一方、高等教育を受けた人口の割合はブレジネフ時代に二倍になり、一〇パーセントをわずかに切るところまで達した。一九五〇年代半ばにソヴィエト国境を外国旅行に開いて以来、何十万ものソヴィエト市民がパリを、あるいは少なくともプラハを大好きになる機会ができた。国民中のあらゆる集団にとって、特に都市部では、生活が楽になった。物資的環境がよくなっただけでなく、体制がむやみにテロを行うことをやめ、対象を限定した抑圧措置さえも控えめに行使したからだった。

だが、こうした明るい構図には条件が必要だった。ブレジネフ時代すべてが一様ではなかった。状況がよかったのは最初の十年間――一九六〇年代半ばから一九七〇年代半ばまで――だった。そのあとは下り坂だった。特に経済に関してはそうだった。ＣＩＡの計算によると、ソヴィエトＧＮＰの成長率は

（訳注１）最後の三人のように、名前と父称で呼ぶのが丁寧な呼び方である。

「ウォッカのスペシャリスト」。1980年代半ばのククルィニクスィのポスター。旋盤を前に居眠りしてしまう酔っ払った労働者を描く。

一九六〇年代の年約五パーセントから、一九七〇年代の二〜三パーセント、一九八〇年代の二パーセント以下に下落した。原油価格が高かったので問題がうまく隠されていたが、原油価格もいつまでも高止まりしなかった。一九六〇年代と七〇年代初頭の生活水準の上昇により期待が生み出されたが、西側の生活状況がよりよくわかるようになったことが刺激となって、そうした期待はよりいっそう早く成長していった。その結果、消費者の落胆がより大きくなっていった。ソ連では常に問題となるアルコール中毒が、警戒を要するほど増えた。過度の飲酒と、あやしげな家庭醸造酒の消費が増えたことが原因となり、一九七〇年代にアルコールに起因する死者が二倍になった。困ったことだが、ソヴィエト時代を通じて着実に伸びていた男性平均寿命は一九六〇年代半ばに縮み始めた。いちばんの原因は男性のアルコール中毒だった（女性の平均寿命は影響されなかった）。一九六五年に六十四歳だった男性平均寿命は一九八〇年に六十一歳になった。同時期のアメリカ合衆国では、男性平均寿命は六十七歳から七十歳に伸びていた。

成功についても裏側があった。結局、教育の拡大は厄介なことに発展する可能性のある世代間の断絶を生んだ。一九八〇年代末までに、二十代の九〇パーセント以上が中等教育または高等教育を受けるようになった。五十代では四〇パーセント以下だった――だが、国を運営しているのは五十代だった。アメリカ合衆国の学者たちが、一九七〇年代に亡命者に対して行ったインタビュー・プロジェクトの結果と、一九四〇年代終盤に行った戦後のハーバード・インタビュー・プロジェクトの結果を比べたところ、一九七〇年代にインタビューを受けたより若い人々の方が年長者に比べて、自分がソ連の一員であるという感覚を持っていないことが示された。年長者が安定として歓迎したことを、若者は「石化」（当時西側の研究者に人気のある言葉を使うと）もしくは「停滞」（ミハイル・ゴルバチョフがのちに特徴づけた）と思うようになったであろう。「墓地のなかでは、平和だ……何もかもが洗練されて上品だ……ああ、ありがたい」という皮肉な歌詞（「墓地で」Na Kladbische）を、この時代にギターを弾き語るシンガーソングライターが、非公認の集まりで歌ったものだった。

経済

最大の長期的問題は経済システムだった。中央計画、生産目標、強力な管理を行う中央集権体制は、一九三〇年代、発展の途上にある経済を短期間に起動させる方策としてはうまく機能した。これらは一九四〇年代の戦時経済の枠組みとしてうまく機能し、戦後は、産業とインフラストラクチャーを再建するにあたって大いに役に立った。だが、一九六〇年代からソ連が必要とした複雑な現代経済にはより適合性が低いことが明らかになった。ソヴィエト体制が技術革新を受け入れないことがはっきりし、世界の科学技術の変化が加速するなか、ソ連は遅れを取り始めた。外国の科学技術の輸入――ひとつの事例として、一九六六年にヴォルガ河畔のトリアッチに自動車プラントをつくるため、フィアットとの契約がなされた――はギャップの一部を埋めただけだった。産業分野間の効率の違いは顕著で、頂点にあったのは軍と宇宙産業だった。産業に投下した資本投資の生産性は世界水準からするときわめて低く、労働生産性は工業でも農業でもさらに悪かった。農業生産高は一九六四年後の十年間に増えたが、その後やや降下し、生産性は集団農場でも、作業者が賃金を得る国営農場でも低かった。カザフスタンにおけるフルシチョフの処女地開発計画において事例が示された、集団農場モデルから大規模国営農場への部分的な移行は、播種エリアを拡大させたが、生産性の問題は解決できなかった。

改革志向の経済学者から助言を受けたコスイギンは、一九六〇年代半ば、特に事業業績指標として生産高に代えて売上げ（利益）を用いることで、計画経済に市場要素を導入しようとした。似たようなこととして、ハンガリーでは新経済メカニズムＮＥＭという名で、ソ連自体が一九二〇年代に行った市場経済ＮＥＰを思わせる試みを行い、かなりの成功を収めていた。だが、中央経済計画体制がより深く根を下ろしていたソ連では、工業経営担当者から抵抗にあったことが大きな理由となり、改革の試みは失敗に終わった。企業の評価は一般に総生産高で行われていたが、これは質を高め需要にこたえようと思わせる誘因がないということを意味した。経済成長指標は一九七〇年代後半に落ち始めると、問題があることには誰もが気づいたが、ブレジネフ指導部は何ら解決策を提供しなかった。おそらくいずれはより急進的な対応が必要となるのであろうが、当面のうちは、どうして波風を立てる必要があろう？　ソ連が石油の海に漂い、商品価格が高騰している状況では、とりわけそうであった。

ソ連の計画経済のなかにある汚れた秘密のうちの一つは、その機能がグレーマーケットに依存していることだった。それが、完全に合法的にとはいいがたくも効率的に物資を、生産者からそれを必要とする人々へと動かしていたのである。工業企業もそれに参加し、必要な原材料を得るため代理人を使ったり取引したりしていた。普通の人々も同様であった。然るべきところにいる友人が、必要としている製品やサービスを闇取引で手に入れるのを助けてくれたのである。これらの取引によりカネが動くこともあったが、主な通貨となったのはある人から別の人へと広くいきわたる贈り物だった。ブラートがソ連で用いられた語で、中国語の「関係」〔コネ・人脈〕に相当した。西側のソヴィエト学者はこれを「第二経済」と呼んだ。西側ではほとんど気づかれていなかったが、それは二〇年代末から存在しており、NEP終了後にもソ連が事実上私的セクターを、非公式のものではあったが維持してきたということを意味した。だが、非合法であるということは、これが腐敗〔高官に対する賄賂と贈物は希少物資にアクセスするため用いる手段の一つだった〕や犯罪〔第二経済で売られる物資は総じて第一経済からの盗品だった〕と深く絡んでいるということを意味した。

「誰が誰を叩くのか？」　プロレタリアートとブルジョアジーのあいだの階級闘争に関するレーニンのスローガンを、K・ネフレルとM・ウーシャツが1979年に描いた風刺画で、消費競争について皮肉った。

ブレジネフ時代までに、基本物資への合法的なアクセスは改善された。だが、一方で消費者の嗜好は必需品以外の多くの物資に拡大し、ほしいと思うこうした物資は常に供給不足だった。役に立つコネづくりをすることとは別に、新しい中流階級のメンバーは、列の先頭に立つためのさまざまな方法をもっていた。地方レベルのエリートは、自分用に押さえる特別の者しか利用できない店舗や医院を常に執拗に求めてきたのであり、中央がそのことを承認している場合も、承認なしにという場合もあったが、いまやそうした便宜の数は広がり、政府高官だけでなく、エリートの地位のある作家、物理学者、スポーツ選手も入手できるようになった。家の外で経営する小規模民間ビジネス（ドレスメーキング、電気工事、自動車修理）が広まり、それは働き手を雇わない限り大なり小なり合法であった。国家財産を個人が私用に供することは盗みとはまったく異なる何かであると考えるソヴィエトの古い習慣は続いていたが、今では、国家による建設現場からレンガやパイプを持ち出すだけでなく、公用のリムジンからガソリンを吸い上げ自家用車に入れることにまでいたっていた。

一九六六年の第二十三回党大会で、ブレジネフは「幹部への信頼」をスローガンとして掲げ、地方および地区の指導者に総じて業務運営を任せる、降格をあまり用いず、降格する場合があっても重罰を科さないといった、中央の側からの放任政策の開始を合図した。これにより官僚制内の安定性は確保されたが、支配エリート内の腐敗を促すことにもなった。腐敗は特に中央アジアおよびカフカースの共和国で顕著だった。

国際問題

ブレジネフ指導部は平和に尽力すると公言した。それは従来の全てのソ連指導部が実際そう公言してきたのと同様であったし、ブレジネフ指導部がそれまでの指導部ほどには大規模戦争を嫌がっているわけではないと考える理由もなかった——軍事支出の割合が異常なほどに高く、従来の政府の水準を超えていたことを例外として。一九八五年までに、ソヴィエト軍は一九六〇年の二倍の約六百万人を抱え世界最大となった。国防相アンドレイ・グレチコ元帥は一九七三年から政治局員であった——一九五〇年代半ばに短期間政治局員を務めたジューコフを除くと、この地位に就いた唯一の軍人だった。軍が党に従属する昔からの関係は基本的に変わらなかったが、ブレジネフは軍とうまくつきあい、総じて軍の望みをかなえていた。

ポスト・フルシチョフ時代の指導体制は緊張した国際状況を引き継いだ。アメリカの基地にソ連を包囲する中距離核兵器が配備され、アメリカ合衆国の政治家は「ミサイルギャップ」についてはソ連が優勢だとの警戒心を表明していた（恐ろしがっている度合いの点では明らかにアメリカのほうが大きかった）。ベルリンは今なお火種だったし、少し前のキューバ・ミサイル危機の際には、第三次世界大戦の勃発はかろうじて回避されただけのように思われた。キューバをめぐる屈辱的撤退へのリアクションとして、ソ連軍部は、将来アメリカ合衆国に対抗してソヴィエトの同盟国を守ることができるよう、大規模増強が必要だと論じた。「大砲対バター」の議論が政治局で長く続いたが、大砲が勝利を収めた。一九六〇年代半ば、破綻したベトナム南部の反共政権を支えるためアメリカ合衆国のベトナム戦争関与が急拡大し、一九六五年にソ連がホー・チ・ミンの北ベトナムに軍事支援を開始すると緊張が高まった。アメリカ合衆国の物言いによると、ベトナムは「ドミノ」で、共産主義の手に落ちるとほかの不安定なポスト植民地体制が次々にベトナムのあとに続くはずだった。

だが、中ソ対立が起こった後であるこのときまでには、世界の共産主義のなかでソ連が持っていた卓越した地位は所与のものではなくなった。ソ連と中国両方が北ベトナムを支持したが、中国——一九七一年に国連安全保障理事会に席を得て国際的地位が認められた——は、明らかに第三世界における中国独自の課題に則って行動し、アメリカ合衆国だけでなくソ連と競うことが多くなった。一九六九年、領土紛争をめぐる中ソ間の緊張からウスリー川国境で軍事衝突が起こった。一九七〇年代半ばまでに、中国はソ連を第三世界において「帝国主義」勢力であるだけでなく、二つの帝国主義超大国のうち、いっそう危険な勢力であるとした。

東ヨーロッパは冷戦の緊張を悪化させた。アメリカ合衆国——加えてその国内のエスニック・ロビー——が、東ヨーロッパにソヴィエト型の体制が存在することには正統性がないと考えたからで、それに東ヨーロッパ諸国の国民も同じ見方をする傾向があったからである。ハンガリーは一九五六年に挑戦したが抑えられ、ポーランドでも同年に同じことが小さな規模で起こった。だが、一九六八年終盤に出てきた問題は、歴史的にブロックのなかでもっとも親社会主義的かつ親ソ連的な国の一つであったチェコスロヴァキアであった。一九六八年に改革派の共産党指導者アレクサンデル・ドプチェクが「人間の顔をした社会主義」（党と警察の支配を減じるという意味）の導入を試みると、ソ連は戦車を派遣した。これは米ソ関係だけでなく、国内（モスクワとレニングラードのインテリゲンチャの大半が驚愕したことから）と東ヨーロッパに跳ね返って打撃を与えた。新たな「ブレジネフ・ドクトリン」は、「社会主義」を救うためであれば、それが脅威にさらされた場合はいつでもソ連が介入できるとしたが、これはつまりソヴィエト・ブロックに所属するいかなる国も、そこにとどまらなければならないという言明であった。これはとくにチェコ人にとっては侮辱的なことであった。一九五六年のハンガリー人と違って、彼らは実際のところ、ソヴィエト・ブロックを去ることも、社会主義を捨てることも、求めてはいなかったのだから——もっとも、改革が実行されたならば、彼らの意図がのちに変わるということもありえたが。

ブレジネフ体制の軍の増強は、デタントの追求、冷戦の緊張の緩和、より高レベルでのアメリカ合衆国との接触、相互軍備管理に係る合意と並行して、あるいは矛盾してと考える人もあろうが、進められた。一九七〇年代初めには、一九七一年にベルリンに関する合意が成立し、翌年に戦略兵器制限条約（SALTI）が成立して、この方向での進展もあった。ソ連のアメリカ合衆国研究所長を務め、フルシチョフの初期の顧問の一人だった物腰のよいゲオルギー・アルバートフがアメリカ合衆国ではおなじみの存在となって、安全保障の専門家と、それにテレビを通じてアメリカの一般の人々にデタントを解説した。しかし、アメリカ合衆国のソ連に対する敵意と疑念はソヴィエト側と同様に深く、デタントはアメリカがベトナムから屈辱的撤退をしたあとの一九七〇年代後半に失速した。このころになるとソ連はアメリカ合衆国と第三世界に対する影響力を積極的に競い合うようになり、ベトナムの解放運動を支援することによって第三世界での威信が高まり、アフリカ、中東、中央アメリカで親米政権に挑戦する反植民地民族主義者を支えた。こうした地政学的競争では双方に挫折があった。ソヴィエトの挫折は一九六七年の六日間戦争でアラブ諸国（エジプト、シリア、ヨルダン）に対しイスラエルが勝利を収めたこと、アメリカの挫折はアメリカが支援したイラン皇帝が一九七九年に急進的イスラム教徒により倒されたことだった。

六日間戦争はソ連にとって外交上の敗北だったが、ソヴィエト・ユダヤ人のあいだで誇りと親イスラエル的民族主義を刺激したことによって新たな国内問題を生み出すこととともなった。これが「シオニズム」に関する弾圧とユダヤ人の文化生活に対する新たな制限につながり、するとそれが今度はユダヤ人の亡命する権利を支持するための、きわめて目に付く国際キャンペーンに火をつけた。ソ連からのユダヤ人の亡命は人権問題となって、国際連合とアメリカ議会で取り上げられ、アメリカ合衆国一九七四年通商法の懲罰的なジャクソン＝ヴァニク修正条項につながった。ソ連指導部は困難に陥った。というの

ソヴィエト外交政策の専門家でデタントを提唱したゲオルギー・アルバートフとアメリカのソヴィエト学者、セウェリン・バイアラー。

は彼らの亡命政策はユダヤ人だけでなくすべての人々に亡命の権利を拒否していると（誠実にも）主張することによっては、自己弁護はほとんど無理だったからである。その結果、一九七一年から一九八一年にかけて二十三万六千人のユダヤ人がソ連を離れ（ソ連の反ユダヤ主義者の見方によると、もう一つのユダヤ人の特権の例だった）、そのうち半数をやや超える人々はイスラエルに定住し、もう一つの大きなグループはアメリカ合衆国に定住した。だが、お役所仕事での多大な遅延と、高等教育を受けた者に対し課された高額の出国税もあり、最終的な効果としては、譲歩に対して何か信用を得たというよりは、ユダヤ人の亡命に対してソ連には共感がないことを強調することとなった。

一九八〇年代初めにさらなる対外関係の大失敗が待ち受けていた。ポーランドで連帯運動が高まり、東ヨーロッパの共産党支配に対する新たな脅威となったが、このときはポーランド政府が自ら戒厳令を出し、ソ連は軍隊を送らざるを得ない事態には陥らなかった。アフガニスタン内戦で庇護下にある勢力を守るため軽率に行ったソ連の介入は、コストと利益に関するいかなる合理的な分析によりも、超大国というものはこう行動すべきだというブレジネフ指導部の理念に負うところがおそらく大きかった。「わが国は、わが国自身のベトナムを抱えざるを得なかった」とソ連の外交エリート内部における批判者たちはため息をつき、実際そうなった。ベトナムにおけるアメリカ合衆国のように、多くの人命を犠牲にしながら何も実現せず、ソ連は最後には不名誉な撤退（ゴルバチョフの下で）を余儀なくされた。一般の人々の難色はアメリカより抑えめだったが、アメリカ同様に軍の士気に打撃が与えられ、不満を抱き士気をくじかれたアフガニスタン戦争元兵士を抱えるのちのソ連の問題は、ベトナム戦争の元兵士を抱えるアメリカ合衆国の問題よりはるかに悪かった。

アフガニスタン問題があったが、ブレジネフのソ連はもう一つの超大国が抱えた深刻な不安定状況を避けることができたので自らを祝うことができた。アメリカ合衆国は一九六〇年代における学生運動と公民権運動の騒擾の波を経て、反ベトナム抗議運動とブラックパンサー、それにニクソン大統領弾劾と一九七四年八月の彼の辞任をもたらしたウォーターゲート事件での政府の正統性への大きな危機へと動揺を重ねていた。ありがたいことにソ連の少数民族はアメリカの黒人ほど怒ってもいなければ反乱志向でもないし、ソ連の若者はアメリカの若者ほど年長者に疎遠ともならず、社会的礼儀作法を軽んじることもないと、ブレジネフと多くのソ連市民は考えたに違いない――それに、いずれにせよアメリカ人は、何を不満に思わなければならないのだろう、彼らには郊外の大きな邸、ダブルのマティーニ、それに高級車があるのに。

諸共和国の状況

少数民族についてソ連がアメリカの人種問題のようなものを抱えなかったというのは確かに事実である。目に見える民族紛争は比較的稀で、起こるとすれば二つの少数民族間で起こるか、中央アジアあるいはカフカースの共和国の場合は、少数民族とタイトル民族(訳注2)である多数派のあいだで起こり、あるいはロシア人を巻き込む場合もあった。一九四〇年代の民族の強制追放は諸問題を生み出していた。カザフスタンでは、新参者を住まわせることに対する共和国指導部の遺憾の強さは、そこに住まわされることに対する新参者の打ちひしがれた思いの強さと拮抗した。フルシチョフの秘密演説のあと、「消え去った民族」のいくつかはかつての故郷に戻ることを許されたが、よそものに故郷が占拠されていることを知るだけであったので、さらなる問題となった。バルトの諸共和国は一九三九年にソ連――バルト諸国から見ると「東方の」、それゆえ文化的に劣った大国――に編入され、かくして戦間期の独立を失ったことを今なお恨んでいた。この地域全体に強力な受動的な反ロシア感情が持続し、リトアニアでは一九七〇年代初めからカトリック教会を中心とした民族主義者の抗議運動が非合法に存在していた。

土着のエリートの支持に依拠し、民族色（中央アジアでは世俗イスラム）を打ち出す現地人によって、諸共和国は次第に率いられるようになっていった。カザフ人のディンムハメッド・クナーエフが一九六四年十月にカザフスタンの党第一書記に任命されたあと（それまではロシア人かウクライナ人の第一書記が続いており、処女地開発期のブレジネフもそうだった）、入党する民族的カザフ人の数は二年間で二倍になった。以前のように、諸共和国内のモスクワの目と耳として活動するスラヴ人の第二書記がいることが通例ではあったが、クナーエフとウォロディミル・シチェルビツキー（訳注3）が政治局の正メンバーで、アゼルバイジャン、ジョージア、ウズベク、ベラルーシの第一書記が政治局員候補であったブレジネフ時代には、これら各地の第二書記は明らかに格下だった。共和国の指導者たちはモスクワの投資を呼び込むため精力的に（また相互に競い合って）ロビー活動を行い、その大半は資源の経済的な流れから純然たる利益を得ていた。ソ連のなかで最も先進的な部分であり、一人当たりの総国民所得がもっとも高いバルト諸国は例外で、ロシア共和国およびウクライナとともに、より発展度合いの低い諸共和国に対する補助金に貢献した。

諸民族の友好が 1979 年のユー・チェレパノフの風刺画によって祝われている。ペレヤスラフ条約による「ウクライナのロシアとの連合」の 325 周年を記念するもの。

公式の長期計画は民族の違いを融合させることだったが、これが実現していることを示す兆候はほとんどなかった。むしろ共和国は、モスクワの無言の合意があって、静かに民族の特殊性の存在を主張し、固めていた。アンケートにおいてはソヴィエト市民は民族的寛容を強く支持していたが、実践においては彼ら自身の民族集団内での結婚を同じくらい強く選好し、少なくとも民族的に近い人々との結婚がよいと考えた（ロシア人とベラルーシ人、ウズベク人とタジク人）。異なる民族同士が結婚する割合は低く、こうした結婚はすでに自分たちの土着の共和国の外に住んでいる人々

（訳注2）たとえばジョージアにおけるジョージア人のように、その民族の名が共和国の名であるような民族。
（訳注3）ウクライナ人でウクライナ党第一書記。

のあいだで行われることが多かった。ソ連のイスラム地域（中央アジアの諸共和国とアゼルバイジャン）が歴史的なキリスト教地域（ロシア、ウクライナ、ベラルーシ、アルメニア、ジョージア）より出生率がはるかに高いことを踏まえ、人口統計学者はスラヴ人が将来少数派になるのではないかと考えるようになった。

実際のところ、ブレジネフ時代の大きな民族問題はロシア人問題だと見えたかもしれない。ロシア語がソ連の共通語でモスクワがソ連の首都だったかもしれないが、ロシア人は伝統的に民族文化の誇示、民族的誇りと文化の涵養を、最もわずかしか奨励されていない民族集団だった。文学では、ロシアの農村に主要な焦点をあてる疑似民族主義的傾向が発展した。また、社会的現実においては、歴史的記念碑を保存し産業による環境悪化と闘う運動が出現し、はっきりとした民族主義的色合いを帯びた（ロシア贔屓の作家ヴァレンチン・ラスプーチンがシベリアのバイカル湖を救う運動に深く関与するようになったうちの一人だった）。のちにゴルバチョフの顧問となるアレクサンドル・ヤコヴレフは一九七〇年代初め、中央委員会の官僚機構内にいるロシア民族主義に同調する人々を批判して厄介ごとに巻き込まれた。そうした人々は政治局内にもパトロンをもっているという噂だった。非スラヴ地域、特に中央アジアでは、土着の人々の昇進を支援する政策は、現地のロシア人住民を犠牲にして行われ、彼らは居心地がよくないと感じ始めていた。ロシア人のあいだでは、ソ連の低開発地域で文明化を推進する崇高な使命を実行しているという感覚は、彼らの共和国はそれ自身の市民の犠牲のもとでより弱い諸共和国を補助しているという理解からくる、ある程度の怒りに席を譲るようになった——要するに、非スラヴ系諸共和国は資産ではなく、ロシアに課された重荷だという理解があった。

ソ連のスラヴ人諸地域が経験した世代間の断絶は、同じ時代のアメリカ合衆国ほど劇的なものではなかったが、ある意味で似ているところがあった。ソ連にも「六〇年代」世代がいた。ビートルズのテープを交換し合って新しいテープレコーダーで聞き、東ヨーロッパ製のブルージーンズを履いた。グラーグで使う語彙を使って刺激の利いた会話をし、ウラジーミル・ヴィソツキーの歌をギターに合わせて歌い、外国のラジオ放送（複数の）「ボイス」）を聞いた。一九七〇年代までに、ロック音楽は大きな魅力となり、お上品な役人の賛同は得られなかったが、コムソモールのサークル内でも大流行した。心から共産党を信じる者がおそらくより心配したのは、戦前の先人たちと比べ若い世代の政治に対する姿勢が受け身だということだった。参与観察者アレクセイ・ユルチャクが描いたように、一九七〇年代と八〇年代の若者は公式の言語と儀式を受け入れ、うまく使いこなしたが、自分たちの「真」の生活はめったに公的領域に侵害されることのない私的領域において生きられていると考えていた。ソヴィエトの水準からすると、若者の教育レベルは目覚ましく高く、完全雇用だったので職を得ること自体は何の不安もなかった――大学卒業生にあてがわれる職がモスクワなのか辺鄙なところなのかということについてはかなり心配だったが。

ソヴィエト市民の日常生活

「われわれは働いているふりをする。彼らは支払うふりをする」というのがソ連でよりも西側ジャーナリストのあいだでよりいっそう人気のあるジョークだった。だが、ソ連の職場には度を越えて低い生産性を容認するという長所があり、そのことを住民たちはソ連が崩壊したときに発見したのだった。被雇用者にとっては、特別な売店とビュッフェがある職場は希少な物資を手に入れる場で（物資の質については企業の状態およびプレステージ、産業部門、省庁により違った）、仲間が集まるところだった。女性は同僚とケーキを食べてお茶を飲み、男性は階段の吹き抜けで煙草を都合しあって（ウォッカさえ）、楽しいひと時をたっぷり過ごした。経済学者が労働生産性でなく仕事場の幸福感を測ろうとすれば、良い結果に巡り合えたかもしれない。

ブレジネフ時代はふつうのソヴィエト市民にとってはよい時代だった。すべての人々を「福祉国家」が保護するというソヴィエト統治の最初期になされた約束が完全に実現したのはこのときだった。一九五六年に導入された最低保障賃金が年金とともに引き上げられ、ソヴィエト市民は男性が六十代初め、女性は五十五歳で年金を受け取ることができた。従来は賃金労働者に限られていた福祉の恩恵はコルホーズで働く農民にも拡大した。発展を遂げたばかりの国の動静としては驚くことだが、社会的格差は減少し、総じて平等主義精神が支配的だった。このことは評論家が、社会主義の下には不平等が存在し、上の者に特権があるという事実を誇張するのを好む西側では見過ごされることが多かった。もちろん不平等はあったし、ソ連当局は当然、そのようなものはないというふりをした。だが、国際規模で比べると、不平等は比較的小さく、大きくなる傾向はなかった。

ソ連の中流階級から見ると、特権は多すぎるというより少なすぎた。そしてこの中流階級の成長は目覚ましかった。一九四一年に高等教育もしくは中等教育を受けたのは二百四十万人だった。一九六〇年までにその数は八百万人になり、一九八〇年代終わりには三千二百万人になった。こうした人々の多くは、当然のこととして、共産党に入党した。共産党員数は上昇し続け、一九七六年までに千六百万人近くに達した。これらの人々が価値を認め、希求した特権に含まれていたのは、郊外部のダーチャ（訳注4）〔菜園付の別荘〕でもあれば都市部の小さなアパートでもあり、大人になった子どもたちに「協同組合住宅」を買ってやれる可能性、外国旅行、外国の贅沢品への何らかのアクセスと自動車であった。こうした羨望の的になる物資は十分には流通していなかったし、入手できるだけの給料と地位をもたらす職も十分にはなかった。高等学校を出てホワイトカラーの職に就く多くの者は給料が五百ルーブルだったが、ブルーカラー労働者は三百ルーブル程度だった。一九七〇年代および一九八〇年代、戦後の全体的生活水準の上昇が鈍化すると、先行する何十年かに期待が劇的に膨らんだ人々のあいだに不満の引き波が生じる広範な原因となった。

インテリゲンチャのあいだには不安があった。フルシチョフ時代の無謀な楽観主義は、一九六八年のチェコスロヴァキア介入が分水嶺となって消失した。精神的なリーダーシップを担いたいと思う知識人の気持ちは打ち砕かれ、彼らは社会がどんどん物欲主義になっていると感じた。物欲をもつ人々も欲求不満になった。アメリカ人観察者ジョン・ブシュネルは、ソヴィエト市民は悲観的になったと診断した。ブラート・オクジャワの悲しい歌に耳を傾け、政治的に少し危険だが自嘲的なジョークを言う。場面は政治リテラシー（公民）の授業である。

（質問者）「月に生命《ライフ》がありますか」
（教師）「ありません、同志。ソヴィエトの宇宙飛行士は月に生命がある印を見つけていません」
（質問者、悲しそうに）「月にもないのですね？」

（訳注4）職場が提供する住宅と異なり、協同組合を通じて購入した住宅。協同組合への参加費や毎月の支払い金などがかかった。

この時代の特徴である個人生活の涵養にもかかわらず、萌芽的な市民団体的生活が生まれつつあった。それは国家とは一線を画し、自然環境保護や歴史的文化的記念碑を保存することに主に焦点をあてていた。これらは総じて「リベラル」が持つ関心だったが、非リベラルで潜在的に民族主義の側では、元軍人がようやく退役軍人組織をつくる許可を得た。第二次世界大戦で戦い、何年にもわたり定期的に再会して痛飲し、部隊との非公式の接触を維持してきた世代にとっては、そうした組織は大いなる重要性をもっていた。フルシチョフ時代に繁栄した「本格」文芸誌は今なお活動していたが、その大半は編集者を代えて、政治的、特に反スターリン主義的な内容に対するより大きな制限をこうむっていた。『ノーヴィ・ミール』誌のライバルである保守的な『オクチャーブリ〔十月〕』誌は、フセヴォロド・コーチェトフが書いた、スターリン主義を懐かしむ精神で腐敗した西側の影響を攻撃する「君は何を望むのか?」を掲載し、スキャンダルによる成功を引き起こした。本格文芸誌のライバルとして成長したのは、サミズダート〔自家出版の意味〕だった――自前で刷られ、それゆえに検閲を受けていない、政治から宗教、ヨガに至るまで、さまざまなデリケートな話題についての原稿であり、タイプライターで複製され、手渡しで回覧された。より小規模な同類がタミズダート〔外国出版の意味〕で、これは西側から持ち込まれた禁じられた文献を回覧した。

一九八〇年代までに、女性の教育と労働参加率の高まりには目覚ましいものがあった。賃金ないし俸給を稼ぐ女性の数は三倍になり、一九六〇年の二千万人から一九八九年にはほぼ六千万人となり、これは労働人口の五〇・六パーセントを占めた。一九七九年の時点で、十歳以上のソヴィエトの全人口のうち女性の六〇パーセントが中等教育もしくは高等教育を受けていた〔男性は六九パーセントだった〕――この高い割合は、歴史的に女性がいちばん不利な扱いを受けてきた共和国の一つウズベキスタンにさえも広がった。女性はこれまでのいつにも増して多数が入党しており、一九七六年には党員の二五パーセントだったが一九九〇年には三〇パーセントになった。だが、フルタイムの仕事と買い物、家事、子育て（すべて「女の仕事」）という二重の負荷は、苦痛をもたらしていた。それはナターリア・バランスカヤが『ノーヴィ・ミール』誌に発表した小説「いつもと同じ週」のなかで生き生きと描いたようにである――避妊用ピルが手に入らないことに係る問題にははっきり触れなかった、それは堅苦しい検閲には手に負えぬものとなったであろう。国家が託児所と幼稚園を提供したにもかかわらず、働くソヴィエト女性の生活は、労働に従事しないバーブシカ（祖母）が家にいる場合に限り切り盛りできた。

恐ろしい存在であるばかりか文化的に惹かれる存在としても、ソ連では西側の存在感が大きかった。ある調査によると、モスクワでの就労者の半分は西側のラジオ放送を聞いていた。若者たちはサーシャ、ミーシャではなくアレック、マイクと呼び合った。一九八〇年代になると、中年男性でさえ週末になるとジーンズを履き、皮のジャケットを着て、自家用車を運転し（喜びに満ちて、しかしへたくそに、というのは年を取ってから運転を学んだから）ダーチャに行く姿を見ることができた。そこでは、ドナルド・ケンドールがペプシとスタリーチナヤ・ウォッカの取引のパイオニアとなって以降は、彼らは両方をかわるがわる飲むようになった。キッチンテーブルの上に置いたペプシの瓶はコスモポリタン的生き方を象徴した。西側のソヴィエト学の界隈では、しばらくのあいだ「収斂」について語ることが流行した。それは、近代化に伴ってソ連社会が不可避的によりリベラルに、民主的に、個人主義的に、多元主義的に――一言でいえば、より西側社会のようになるだろうという仮定に基づく理論であった。これはソ連の多くの人の耳にも心地よく響いた、もっとも彼らが主に関心をもっていた収斂は、西側スタイルの生産物を入手できるようになる収斂であったが。

異論派

ソ連で起こっていた新しい現象である異論派運動には西側とのつながりが重要だった。サミズダートとタミズダートは、西側ラジオというフィードバックの抜け穴と結合することで、「非標準的思考者」（イナコムィスリャーシチエ）にとって、彼らの考えをソ連国内で回覧すること、それに外国に聴衆および支援グループをつくることを可能にした。当初は、非標準的な思想を表現する衝動は、必ずしもソ連への反対を含意するわけではなかったのだが、風刺作家アンドレイ・シニャフスキーとユーリー・ダニエルが一九六六年に公開裁判にかけられて、彼らの作品を外国で発表したことにより「反ソヴィエト・プロパガンダ」罪の判決を受けたあと、この二つ〔非標準的思想表現の衝動と、ソ連への反対〕は融合し始めた。異論派運動のさらなる刺激となったのは、ソ連のチェコスロヴァキア介入だった。多くの知識人が侵攻反対の抗議に署名し、その結果自分の個人ファイルに汚点を付けることになった。

シニャフスキーはグラーグで服役したあと、フランス亡命を許され、これが文学的な異論派を扱う方法として好まれるようになった。ただし、自身の不人気な見解を主張することで無償で自身を危険に晒すようなものは、誰であれ頭がおかしいに違いないという想定に基づいて、精神病院に送られる者もいた。ロシアのユダヤ人詩人ヨシフ・ブロツキーは一九六四年に、フルシチョフの「反寄生者法」の下で判決を受けていたが、一九七一年にKBGによって亡命するように促された。彼が異議を唱えると、有無を言わせずウィーン行きの飛行機に乗せられて一九七二年に強制追放された。アレクサンドル・ソルジェニーツィンのソ連市民権は一九七四年に取り消され、本人の意に反してヨーロッパに送られた。ソ連の国際的名声という点では、追放された異論派はいまや殉教者の後光に飾られて、彼らを熱心に受け入れてくれる西側聴衆の利益になるように自身の批判を発表し続けたわけであるから、これは難点の多い戦略であった。ソ連の困惑は大いに喧伝された亡命者が数多く現れたことによっていっそう深まった。その中には一九六一年に亡命したバレエダンサーのルドルフ・ヌレエフや、一九六七年に亡命したスターリンの不幸な娘スヴェトラーナもいた。

異論派の政治的立場は、ジョレス・メドヴェージェフとロイ・メドヴェージェフの双子兄弟のように大なり小なり幻滅した共産主義者から、アンドレイ・サハロフ（著名な物理学者。科学アカデミー会員。一九八〇年、ヴォルガ河畔のゴーリキー市に流刑）のようなリベラル、それにソルジェニーツィンが最終的にそうなったようにロシア贔屓の保守主義者に至るまでさまざまだった。こうした人々を結びつける糸は、人権擁護を主張したことと西側メディアをプラットフォームとして用いたことだった。モスクワの外国人記者は反体制派の生命線で、友情とジョニーウォーカー・ウイスキーとマールボロの煙草のいずれをも提供し、彼らの作品を国外に持ち出し、彼らが困難に陥ったときにはヨーロッパと北アメリカのニュースで第一面に掲載した。CIAとその他の西側諜報機関も静かに間接支援を行い、そうしたものは必ずしも求められたわけではなかったし、受け手の方が知らないことすらあったが、ソ連メディアが彼らを攻撃する際には強調された。驚くべきことではないが、こうしたことは異論派をソ連の一般市民の間で人気のある存在とはしなかったし、民族主義の異論派を別として、運動は広範なソヴィエト一般市民とはわずかな接触しかなかった。KGBが定期的に収集した一般人による治安紊《びん》乱情報のなかでは（主に不敬な詩や猥語や冗談、物不足や価格上昇についての不満、指導者に対する酔っ払っての非難）、西側でその名がたいそう知られた異論派は事実上触れられていなかった。

体制に順応しないウクライナ＝アルメニアの芸術家ヴァグリチ・バフチャニアンによる、ムーヒナの彫刻の解釈。1974年、アメリカ合衆国への亡命直後につくられた。

それにもかかわらず時間がたつとともに、異論派による批判は、一九五六年にフルシチョフがスターリニズムを弾劾した記憶と結びついて、エリートのあいだ、最初はより若い世代、それから彼らの親のあいだに、沈潜し、広まっていった。一九八〇年代までに、きちんとした職に就いているまじめなソヴィエト市民は、外国人と話す際には、オフレコであってさえも、異論派を馬鹿にしたかもしれないが、同時にまた、二十年前だったら決して口にしなかったようなソヴィエト生活に対する批判を口にすることもあった。

一九八〇年代初めには、ソ連への熱烈な支持を表明し、そのイデオロギーをまともに受け止めている者に出会うことは非常にまれになったので、多くの人々は古いユートピア的な革命精神が喝采を受けたのはフルシチョフ時代が最後だと考えた。だが、これはあまりに大雑把であったのかもしれない。社会に知られた雪どけの詩人のうち最も有名であったエフトゥシェンコは、一九七〇年代には自分がトラブルメーカーと見られることに慣れっこになっていたのであるが、一九八〇年代になって突然、二十年前の学生時代に彼の詩の朗読会に潜り込んだことを懐かしく回想する若手の官僚たちに出会うようになった。無味乾燥なブレジネフ的な外観の陰に、青年時代の理想主義が隠されていたのは、六〇年代世代だけではなかった。一九五〇年代に、モスクワ大学はすでに理想主義者を生み出しつつあった。そのうちの一人、ミハイル・ゴルバチョフは党の階段をスターヴロポリの第一書記にまで登りつめた上で、モスクワに戻った——まだそうと知る由もなかったが、ソ連を破壊することになる革命を始めるのを待っていたのである。

第七章

崩　壊

マルクス主義理論によると、崩壊するのは資本主義であって社会主義ではなかった。だからこそソヴィエトの指導者や市民は、逆のことが起こり得るなど想像できなかった――ましてや、アメリカ合衆国が競争相手に核爆弾を落とすと騙ることもなしに、そんなことが起こるなんて。社会主義は歴史を味方につけていたが、それも突然、そして見たところ不可解に歴史が混乱に陥るまでのあいだのことだった。アレクセイ・ユルチャクの後期ソヴィエト社会主義研究の示唆的な題名にあるように、「存在しなくなるまで、すべてが永遠だった」。

アメリカのソヴィエト学者のなかの楽観論者ですらも、真剣にソ連が崩壊すると予想した者はいなかった。こうした体制は、強力な軍と警察が阻むはずという単純な理由で、圧倒的な外的ないし内的な圧力がなければ倒れないはずだった。同様に、軍事的に敗れるのでなければ、いかなるソ連政府であれ東ヨーロッパ支配を放棄することなど、まして非ロシア諸共和国の分離を認めることなど考えられなかった。不可能なことが起こり、しかもソ連あるいは東欧での民衆蜂起がソ連の安全保障能力を緊張させる、いわんや打倒するといったこともなかったので、トラウマに満ちた二十世紀にあってさえも、ほとんど比類のないトラウマをロシア人に課すことになった。第二次世界大戦の敗北はドイツ人に衝撃を与え、ホロコーストが明るみに出たことで彼らは過去と折り合いをつける（Vergangenheitsbewältigung）厖大な課題を負った――しかしなお、それを戦争における敗北として理解することが可能であった、ドイツ軍も最後まで勇敢に戦ったのであったのだし。ソ連の場合には、崩壊はミハイル・ゴルバチョフの野心的な改革計画が展開したことによって突然に訪れた。崩壊は反対されることもなく、それを正当化するための明白な必要性も歴史的論理もなかった。

一世紀半前、アレクシス・ド・トクヴィルは古典『旧体制とフランス革命』のなかで、「悪い政府にとっていちばん危険なのは、総じて改革を始めるときだ」と示唆した。だが、これはゴルバチョフには効果のない慰めであっただろう。彼は自分が「旧体制」を救出しているのではなく、革命を再活性化していると考えていたのであるから。

ゴルバチョフと内政改革

ブレジネフは八〇年代初めには七十代半ばだったが、何年来、年老いて具合悪そうに見えた。晩年のブレジネフを守るファランクスのように周りを囲んでいた取巻きは、やはり年老いていた。一九八二年にブレジネフがついに死去すると、周囲はKBGの長でブレジネフより八歳若いだけだがはるかに元気のよいユーリー・アンドロポフに目をつけた。その周りにはフョードル・ブルラツキーのような若い改革志向の思想家の一群がいた。だが、わずか一年あまりでアンドロポフは急速に病気になり、やはり死んでしまい、ブレジネフの庇護下にあった平凡なコンスタンチン・チェルネンコに引き継がれたが、彼

フョードル・ブルラツキー（中央）は改革の提唱者で、フルシチョフ、アンドロポフ、ゴルバチョフの下で政治顧問を務めた。アメリカのソ連学者ジェリー・ハフとともに。

もまた大体同じ期間を経て死去した。この時点で古参幹部たちも、党首にはもっと若い者が必要だと認めざるを得なかった。その結果、チェルネンコより二十歳、ブレジネフより二十五歳若いミハイル・ゴルバチョフが選ばれた。ゴルバチョフは二十年間にわたり出生地の農業地域スターヴロポリで党運営をしたあと、一九七八年にモスクワに呼ばれ、国全体の農業を担当していた。一九八〇年から政治局員であったゴルバチョフは、一九八四年の段階でアンドロポフが後継者として選んだ人物だった（政治局の同僚たちは彼を無視して年長のチェルネンコを選んだ）。ゴルバチョフは一九八五年三月に党書記長になった。

ゴルバチョフは柔軟で精力的で、よき政治家で合意形成者であり、モスクワの外の地方を知っている効率よい行政官であったが、一九八〇年代初めには未来の革命家とはほとんど見えなかった。フルシチョフやブレジネフより後の世代であるが、社会的上昇の恩恵を受けた人であるとともに、スターリン時代にはよく知られた一連の仕方で苦しみを舐めた農民一家の出身でもあった。おじ二人とおば一人は三〇年代初めに餓死し、父方母方両方の祖父は大粛清のときに逮捕された（こうした矛盾した経歴は彼の世代には珍しくはなかった。彼の同僚でのちに敵となったボリス・エリツィンの経歴も同様だし、のちにゴルバチョフの外相となるジョージア人、エドゥアルド・シェワルナゼもそうだった）。第二次世界大戦で戦うには若すぎたため、ゴルバチョフはブレジネフ指導部にとっての絆となった中心的な経験をもっていなかった。技師ではなく法律家になる教育を受けたゴルバチョフは、自分がインテリゲンチャの一員だと考えた最初のソ連指導者だった。これは夫人の社会学者ライサにとっても同様に重要なアイデンティティだった。彼は自分が「体制の産物」であると認識する一方、自分のことを「六〇年代人」とも位置づけていた。ゴルバチョフはレーニンを真剣に読んだが、一九六八年のソ連のチェコスロヴァキア侵攻には内心批判的で、そののちソ連が内政改革の道から逸脱したことを残念に思っていた。

ゴルバチョフは雪どけというプリズムを通して改革を見ており、それを社会主義の放棄ではなく活性化として考えていた。一九八六年初めの第二十七回党大会で発表された彼の二つのスローガンはペレストロイカ（建て直し）とグラスノスチ（開放性と透明性）だった。これらのうち、ゴルバチョフは結局、グラスノスチを先にした。そうすることで、どうやって建て直しを行うかを明らかにしようとしたのである。これは同じころ鄧小平の中国（今なおソ連と仲たがい状態だった）が行った選択の逆だった。鄧小平は息子の言によれば、経済改革を政治改革に先行させないゴルバチョフは「ばか」だと考えていた。振り返ってみてソ連と中国の改革の結果を踏まえるならば、これは正しい意見のように見えるのだが、ゴルバチョフの論法にも当時それなりの意味があった。彼は経済再編に抗する頑強な勢力の反対がいかに強力になりうるかを十分承知しており（フルシチョフの地域経済会議を思い出すとよい！）、改革志向のインテリゲンチャが率いる世論の助けを借りることで、そうした勢力を克服したいと考えていた。

いかなる有意義な建て直しも実感されぬうちに、グラスノスチがソ連公衆に衝撃を与えた。これは、改革とは何よりもまず自由討論の障害を取り除くことだとするインテリゲンチャの想定と合致していた。一九六〇年代の名前——一九八九年の人民代議員大会でゴルバチョフを支持することになるエフゲニー・エフトゥシェンコや、新しい反ルイセンコ小説『白衣を着て』を書いたウラジーミル・ドゥジンツェフなど——が影のなかから現れて、再び著名になり、ソルジェニーツィンの『収容所群島』とジョージ・オーウェルの『一九八四年』がソ連で初めて出版された。非スターリン化が再開された。ブハーリンとジノヴィエフが一九二〇年代初頭の労働者反対派や一九五二年の「医師団の陰謀」で告発されたユダヤ人医師たちとともに名誉回復された。名誉回復はされなかったが、トロツキーさえ再び人の口に上るようになった。

表現と出版の自由に関してインテリゲンチャがかつて希求してきたものすべてが突然手に入るようになった。グラスノスチのおかげでソヴィエトの新聞は、集団化や大粛清、第二次世界大戦中の誤った決定、戦時中の民族集団の強制追放、戦後の反ユダヤ主義といった歴史的「誤り」に対する、情報に富んだ詳細な批判に満ち溢れた。新聞と本格文芸誌は競い合って暴露を行い、これまで禁じられていた引き出しの中の原稿を残らず出版し、失脚した革命の英雄の名誉回復を追求した。ある年齢とあるタイプのソヴィエト作家——フルシチョフ流の真実語りで、リアリズム小説や戯曲を書いて、社会悪、歴史の隠蔽、政治スキャンダルの化けの皮をはぐような作家——であるには素晴らしい時代だった。ソ連の読者であることも同様にわくわくするような時代であったが、それはあまりに読むものが多すぎることを別にすればであり、なおかつ読者が読んだものは、ソ連体制への信頼を揺さぶる可能性が大いにあった。昔日の改革志向の本格文芸誌が想定したように、ゴルバチョフの想定は「真実を述べること」は悪いことであるはずがなく、最後には純化することによってソヴィエト体制を強化するというものだった。現実には、残念ながらその逆になった。ソヴィエト社会主義の欠陥に関する短期集中コースの効果は、公衆を改革に結集させるのではなく、彼らの確信をくつがえすこととなった。

ゴルバチョフの改革はピューリタン的雰囲気が漂うウォッカの規制から始まった。これはアンドロポフの短い治世のテーマを取り上げたもので、男性の降下しつつある平均寿命と低い労働生産性に対する方策としては意味があった。だが、国家予算の観点からすると具合が悪く、酒飲みにはひどく不人気だった。ということは、スラヴ人の男性の大多数に不人気だということだった。

「お客様。アメリカのビッグマックはいかがでございますか？」 V・ポルヒンによる1991年の風刺画。

経済改革については、ゴルバチョフは極度の慎重さをもって進めた。協同組合――レーニン以来、官僚主義的な中央集権化の諸問題に対する標準的なソヴィエト的対応だったが、これまでいかなる魔法的結果も生み出したことがなかった――が彼の最初の提案だった。協同組合メンバーは、彼ら自身が働いていれば、労働力を雇えたから、私企業として機能する潜在力をもっていたが、その設置は諸規制によって拘束され、答えの出ない問題に悩まされた。商業不動産市場がないなかで、生まれたばかりの協同組合はいかなる土地建物を使用することができるのかといった問題がそうだった。同様の諸問題が、農民に自分の農場を設けることを認めるが、土地の売買に対する既存の禁止は維持するような立法にもつきまとった。外国投資家との共同事業は一九八七年から認められたが、ソ連の官僚制と交渉し信頼に足る供給先を確立することは外国人には極端に難しかった。一九九〇年にマクドナルドはモスクワにようやく最初の店舗を開き、大きな成功物語となった。だが、その成功の裏には、揚げるためのジャガイモを自前で栽培し、ハンバーガーにする畜牛を自前で飼育し、客に対してしかめ面ではなく笑顔で迎えるようロシア人スタッフに教えることを含めて、十年以上の入念な準備が伴った。

ゴルバチョフが市場に疑念を抱いていたことが、経済改革を妨げた要因の一つだった。だが、ゆっくり進めるべき、政治上の真剣な理由もあった。ソ連国民は基本財については多額の補助金を投入した安い価格に慣れていたが、市場経済の方向でのいかなる動きも必然的に価格を上昇させるはずであった。市民が尊んできたソヴィエト福祉国家は、〔国家所有の〕職場における物資・サービスの提供と緊密に結びついていた。これもまた、私有化の下で複雑な解決を要することになるもう一つの問題であった。

一九八六年四月のチェルノブイリ〔チョルノービリ〕の災禍がグラスノスチを開始するための触媒となり、それはとくに政府高官に対する批判と、環境災害に対する一般の人々の覚醒というかたちにおいてそうであった。たまたま一九八六年は、一九七〇年代から八〇年代前半にかけて歴史的高価格となっていた石油価格が下落し始めた年であった。一九七〇年代半ばに一バーレル当たり約六十ドルだった石油価格は、上昇して一九八〇年代に百二十ドルを超えていたのが、一九八五年末から突然下落し、その後八十年代のあいだはずっと四十ドル周辺で停滞した。ソ連GNPの年成長率はフルシチョフ時代の半分以下になり、一九九〇年にはマイナス二・三パーセントになった。一九八七年六月に中央委員会に行った報告でソ連の経済状況を概観したゴルバチョフは、無駄と非効率と不正確な報告が「前危機」的状況をつくりだしたと述べた。

人口動態の見通しも、危機的ではないにしても、どこか暗かった。都市部と農村部の両方において女性は、国のムスリム的地域以外ではより出産数を減らしていたし、ロシア人の全人口に占める割合も下がり、一九八九年までに五〇・七パーセントになった（次に予定されていた国勢調査の期日までソ連が生き延びたとしたならば、彼らは初めて五〇パーセントを下回っていたであろう）。男性の平均寿命は一九七〇年代に警戒を要するほど短くなったあと少し延び、一九八〇年代には男性は一年半延びた。だが、なおも平均的なアメリカ人の寿命より八年短かった。こうした状況にもかかわらず、高齢化が進み、コムソモール組織の構成員数と年金受給者の数がほぼ同じだった。

政治戦略の点では、ゴルバチョフは交渉に長け、ことを丸く収める人物として知られ、政治局の刷新にあたり腕前を発揮し、政治局委員のベテランの何人かを説得してそれなりに名誉ある引退に導いた。新しい血を入れるなかで、ゴルバチョフはボリス・エリツィンを引き入れた。エリツィンは一九八五年終盤にウラルから来てモスクワ党組織の長となった。まもなくエリツィンは政治局のなかでけんかっ早い急進派となり、政治局内の保守派とぶつかったあと、一九八七年に劇的な形で辞任した。ゴルバチョフは自分の指導体制下で改革に尽くす、まとまりある政治局をつくることに決して成功しなかった。どんな改革をするのかについて彼の頭のなかにあることが不明確であり続けたことがその理由の一部だった。ゴルバチョフは中央委員会プロパガンダ部長で、メディアの重要な地位に改革派を任命した党のリベラル、アレクサンドル・ヤコヴレフといった、以前には内輪のグループにいなかった改革指向の顧問に次第に頼るようになった。ヤコヴレフは一九八七年に政治局員に出世すると、強硬派からの批判をかわす役割を務めた。

　ゴルバチョフが政治局に対して慎重に動いたとすれば、共和国や地方の第一書記に対してははるかに強い態度をとり、その大多数を短期間で交替させた。フルシチョフやブレジネフと同様にかつて地方書記を自ら務めたにもかかわらず、ゴルバチョフには前任者たちが持っていた、この政治的基盤からの支持を得ることが大切だとする感覚がなかった。彼はまた民族に関わる懸念についても繊細さを示さなかった。腐敗を一掃しようとして解任された中央アジアの指導者のなかにディンムハメッド・クナーエフがいた。彼にかわってカザフスタンの第一書記にはロシア人が就いた（これがアルマ＝アタの暴動を引き起こし、数年後にこのロシア人はカザフ人に交替した）。

　一九八七年に、ゴルバチョフは彼の改革目標に「民主化」（デモクラティザーツィア）を追加した。西側の言葉と概念であるとはいえ、民主化なるものはソ連の文脈では独自の歴史をもっており、一九二〇年代半ば、ついでふたたび一九三〇年代半ばにおける、ソヴィエト代議員と党役員の複数候補選挙の実験にまで遡ることができた。これらの実験は過去においてひっそりと、破滅的な結果を伴うことなく失敗していた。もしそれが再び失敗するとなれば、統治党である共産党内における政策ベースの派閥の成長を認めるというより急進的な一歩を踏み出すか（一九二〇年代初め以来そうしたことをめぐる議論さえなされてはいなかった）、さらに急進的に、野党をつくることを認め、共産党を唯一の合法的な政治舞台としてきたその「主導的役割」を廃止することにもなりかねなかった。だが、ペレストロイカの初期段階にはゴルバチョフはそうした方向での考え方からはおよそ遠かった。ゴルバチョフが一九八八年六月の第十九回党協議会で概略を述べた「民主化」は、党から国家機関への執行権の移管（かつて〔一九二〇年代に〕「ソヴィエト活性化」として知られたもの）、複数候補選挙の容認を含んでいた。

とはいえサプライズもあった。ゴルバチョフは、歴史的に先例のない人民代議員大会という機関を選ぶため選挙を行うと発表した。その目的はペレストロイカのエンジンとなるであろう新たな最高会議を選出することだった。単一候補者（事実上共産党が指名した）が一般投票で選ばれるおなじみのソヴィエト選挙のやり方と対照的に、複数候補者制度であって、その選出にあたって多くの政治的興奮が見られた。共産党は今なおそれが指名した人々に割り当てられた議席ブロックを有していたが、さまざまなほかの「社会団体」もそうだった。それらは労働組合、女性会議（一九二〇年代以来、ほとんど無視されてきた組織形態への先祖返り）、作家同盟、それに科学アカデミーを含んでいた。共産党による指名過程は生彩を欠くもので、いちばんのドラマは問題児のボリス・エリツィンを名簿から除外したことだった（彼はそれでもモスクワの議席の一つに候補として指名され、共産党の公認候補の対抗馬となり、一般投票の八九パーセントを得て圧勝した）。だが、科学アカデミーと作家同盟では、選出過程で改革派と保守派が席を競い合い、興奮をそそるドラマになった。

一九八九年三月に行われた選挙の結果選ばれた人民代議員大会では、二千二百五十人の代議員のうち八五パーセントが共産党員であった（教育を受け野心をもった市民にとっては党員であることが基準である社会にあっては、驚くにはあたらない）が、党が実際に立てた候補者の二〇パーセントは敗れ、選出された代議員は急進派の堅固なグループを含んでいた。そこにはエリツィンと異論派のアンドレイ・サハロフもおり、彼らは大会が始まってからは、自分たちを選挙ブロックに組織するために全力を尽くした。改革志向の代議員の大半はインテリゲンチャ出身だったが、インテリゲンチャの構成員のなかには作家ヴァレンチン・ラスプーチンのようなスラヴ派の民族主義者もいた。ふつうの労働者や集団農場の農民や女性——以前の非民主的な単一候補制ソヴィエト選挙では指定席が常に約束されていたカテゴリー——

は、以前の最高会議に比べて新しい人民代議員大会ではあまり代表されていなかった。彼らはインテリゲンチャほどグラスノスチによって活気付いていなかったのである。だが、過去に非民主的な指名制度によって伝統的に恩恵を得ていたもう一つのグループである非ロシア系諸民族は、政治的発言を行い始めた。当初は改革支持者と民族主義者を糾合して「人民戦線」がバルト諸国に出現し、その支持が選挙で候補者が成功を収めるうえで決定的なものとなった。(訳注1) 予想外に多くの上級の党候補者が敗れ、そのなかには対立候補なしで出馬した者すらいたのだが、彼らのあいだにはラトヴィアとリトアニアの首相、キーウを含む五つの共和国の首都の第一書記もいた。

グラスノスチは基本的に自由な報道を生み、その大手系列放送局は改革の大義を支持した。人民代議員大会が開かれると、テレビ中継された議事が、ゴルバチョフの政策に対するエリツィンとサハロフの熱情的な攻撃を国中に広めることとなった。いわゆる「非公式協会」が国中に生まれ出でた。その大半は小さく、エコロジーから重量挙げに至るさまざまな利害や目的に応えた。政治傾向という点では、こうしたグループはリベラルや社会民主主義からさまざまな民族主義に至るまであらゆる領域を網羅した。一九八九年一月にかつての異論派が設立した「メモリアル」協会は、抑圧の犠牲者を支援する人権団体だった。政治的配置の反対側では「パーミャチ（記憶）」が正教の精神での国民的再生を支持したが、ある程度の反ユダヤ主義も加味されていた。バルト諸国からほかの共和国に広がった「人民戦線」内部では、当初の改革派的（親ペレストロイカ的）内容がしばしば民族主義的熱狂に飲み込まれた。そうした熱狂は、改革に尽くすことを含めて、モスクワからのいかなる指導にもいっそう応えることがなくなっていった。

新ルールの下での共和国レベルの選挙は一九八九年の最後の数か月に始まり、一九九〇年の春中続いた。共産党を別にするとまだ政党組織はなかったが、候補者名簿を出すにわか仕立ての政治「グループ」や「ブロック」があり、共産党の観点からは、結果はより警戒を要するものとなっていった。一連の選挙の最初となったエストニアでは、共和国議会において地元の人民戦線およびその提携者が共産党の指名候補を圧倒し、新首相を選んだ。ジョージアは、一九九〇年十月に一連の共和国で一番遅くに選挙を行ったが、共産党は三〇パーセントの票しか確保できず、民族主義者の連合に完敗した。その間に行われたウクライナの選挙では、民族主義団体「ルフ」の候補者と「緑の党」とが多くの議席を獲得し、西ウクライナから選ばれた候補のうちには正教会の府主教も含まれていた。ロシアでは、改革グループ（「民主ロシア」）が大都市で多くの議席を獲得し、共和国全体で投票の五分の一を得た。激しい議論ののち、その候補者であるエリツィンが、共和国最高会議（西側の報道ではいまやしばしば「議会」と呼ばれるようになった）の議長に選出された。中央アジアだけは、地元の共産党統治エリートが依然として手堅く選挙を取り仕切り、しばしば候補を一人だけしか立てな

「ソ連共産党に栄光あれ」。小役人のようにみえる人物が、昔日の勝ち誇るようなスローガンを壁にこそこそ書いている。ユー・チェレパノフの1990年の風刺画。

（訳注1）当選には有効投票数の過半数獲得が必要であった。

かった（当選した）。

共産党自体の内部に派閥（民主「政綱」とマルクス主義「政綱」）を組織することで政治プロセスを多元化しようとするいくつかの試みもあったが、成果はあがらなかった。明らかになったのは、自然発生的な多元化が進行中であるが、それは共産党の外で、共産党に反対して生じているということであった。改革志向の共産党員は、したがって、離党し始めた。ソ連に複数政党システムをつくることや、共産党の「指導的役割」を廃止することは、ゴルバチョフのもともとの意図にはなかったのであるが、圧力のもとで、一九九〇年初めにはどちらについても譲歩せざるを得なかった。これが公共団体法によって制度化されるのは十月になってからのことであったが、萌芽的な政党はすでに繁茂しつつあった――無政府主義者、君主主義者、「民族愛国」派、リベラル、社会民主主義者、ビールとソーセージを提供する「ばか者」党まであった。六月、ロシア共産党がソ連共産党から分かれることが初めて認められ(訳注2)、そこでは強硬派が優勢となった。その結果、共産党からの改革派の脱出は強まり、エリツィンとモスクワおよびレニングラードの改革志向の市長（ガヴリール・ポポフと元法学教授アナトリー・サプチャーク）は七月にこれ見よがしに離党した。一九九一年半ばまでに、共産党は四百万人以上の党員を失い、二五パーセント縮小した。

ゴルバチョフ自身は今なお共産党員で、書記長という地位を通じて党内に権力基盤をもっていた。だが、共産党がますます反改革的立場を取る（あるいは少なくともそう見られた）ようになるにつれ、改革を進める指導者にとって状況はますます維持しがたいものとなった。一九九〇年三月、人民代議員大会は彼を新設の職であるソ連大統領に選出した。ソ連には以前にも形式上の国家元首はいたが（党の長老ミハイル・カリーニンが一九二〇年代から三〇年代にはその地位にあった）、プレジデント（西側からの借用語）という肩書きを与えられてはおらず、執行者の役割も果たすことはなかった。ゴルバチョフの大統領ポストは、執行者の権能をもつ、ソ連で最初かつ最後のものとなるのであった。問題は、この職が確立された権力基盤も執行機関もなしにつくられたということであった。ゴルバチョフは――人民代議員大会で選出されたので、国民によって選出された大統領ではなかった――信用を落とした共産党と、争い好きな議会（最高会議）を支えにして行動せざるを得なかった。

対外関係

国内状況の展開を考えると、外交関係に長け、西側指導者への対応において大きな成功を収めてきたゴルバチョフが、西側の首都の街頭で自分を崇拝する群衆の賞賛（「ゴルビー、ゴルビー！」）に応えるために、そこにより多くの関心を集中させていったことは驚くにはあたらない。彼以前にブレジネフがそうしたように、ゴルバチョフが自分の大きな任務ととらえたのは、アメリカ人と折り合いをつけて、彼らの冷戦的な偏見を克服することだった。元ジョージアの党書記でゴルバチョフの外相エドゥアルド・シェワルナゼは、これをペレストロイカの課題の一番に掲げた。ゴルバチョフは一九八五年のジュネーヴ・サミットとそのあと行われたレイキャビク・サミットで、ロナルド・レーガンとのあいだで部分的な成功を収めていた。最後には、驚くべき方向転換において、かのアメリカの古参冷戦闘士、ソ連に「悪の帝国」というレッテルを貼ったことで有名な人物が、ゴルバチョフの友人となり、相互軍備削減

（訳注2）十五共和国中、ロシアだけは個別の共産党組織をもっていなかった。

1985年11月19日ジュネーヴで。ゴルバチョフとアメリカ合衆国大統領ロナルド・レーガン。

協定の支持者となったのだった。ゴルバチョフはすでに西側で英雄となっていたが、これによりレーガンはソ連の英雄となった。一九八八年、レーガンとナンシー夫人がソ連を訪問すると、二人は人気ロック歌手並みの歓迎を受けた。

イギリスでは、およそ社会主義の友ではなかったマーガレット・サッチャーが、ゴルバチョフのことを気に入った、いっしょに仕事をすることができると言明した。ゴルバチョフはフランスのフランソワ・ミッテラン、ドイツのヘルムート・コールを含むヨーロッパのリーダーたちとも大成功を収めた。ゴルバチョフの構想、そして冷戦の二極対立を克服するための彼の方法は、ヨーロッパを「われらの共通の家」としてとらえることであり、彼はそれを達成する途上にあるように見えた。

東ヨーロッパは、一見したところ、ヨーロッパ統一に向かういかなる動きにおいても障害となりかねなかった。もし東ヨーロッパ諸国がソ連とともに民主的改革の道を歩むよう促されるならば、そのうちいくつかの国は不人気な共産党体制を排除することを決める可能性が高かった。ブレジネフ・ドクトリンは今なお有効なのか？　ゴルバチョフは一度も東ヨーロッパに大きな関心を示さず、東ドイツのエーリッヒ・ホーネッカーやルーマニアのニコラエ・チャウシェスクといった長く政権にあった共産党指導者を明らかに個人的に嫌悪していた。かなり早い段階でゴルバチョフは東ヨーロッパの指導者たちに対して、国内での彼ら自身の正統性に気を配るべきであるし、問題が生じた場合にはモスクワに頼るべきではないと個人的に伝えていたようである。モスクワにとっては、東ヨーロッパがもたらす経済的有利は、ソ連がこれらの国々に市場価格を下回る価格で石油とガスを提供している今となっては、疑いなくより小さく見えた。

結果的に起こったのは、世界が驚いたことに、ベルリンの壁が一九八九年に崩れ落ち、ホーネッカーの東ドイツ政権が倒れ、西ドイツによる東ドイツの事実上の乗っ取りにおいてドイツ再統一が短期間のうちになされたことであった。ポーランド、ハンガリー、チェコスロヴァキアの選挙は、非共産党政権の確立をもたらした。ルーマニアでは、チャウシェスクが倒され、民衆の要求によって処刑された。こうした動きの全てにソ連はいかなる不快感も示さなかった――むしろその逆だった。ゴルバチョフは、ドイツ外相ゲンシャーとアメリカ合衆国国務長官ジェームズ・ベーカーから、ソ連が主導するワルシャワ条約機構が解体したのち、アメリカが主導するＮＡＴＯが東ヨーロッパに拡大することはないし、新たな統一ドイツにさえも拡大することはないと、口頭での確証を得たと考えていた。おそらく彼は実際それを得たのであろう。だが、ゴルバチョフは資本主義者を決して信用してはならないということを思い出すべきであった――それに、法律家として、保証は文書のかたちで得なければならないことを知っておくべきだった。一九九〇年十月までに、旧ドイツ民主共和国はドイツ連邦共和国に吸収され、まさにそのことによってＮＡＴＯの一部となった。

チェルノブイリの壊れた四号炉。保護する石棺で覆われている。現在、ウクライナの管理下にある。

終盤戦

ゴルバチョフはヨーロッパ歴訪により、スカンジナヴィアの社会民主主義を知るようになって、感銘を受けた。彼は一九九〇年二月の党中央委員会で、「われわれの理想は人間的で民主的な社会主義である」と述べ、「われわれは一九一七年十月になされた選択の支持者であり続けている」と付け加えた。だが、「人間的で民主的な社会主義」は、一九一七年十月になされた選択ではなかった。ゴルバチョフが肩入れする二つの対照の間での矛盾は、そのいずれをも共有している人々はわずかでしかなかったし、いずれも共有していない人間の数もよりいっそう増え続けていることを意味した。ブレジネフ時代までに発展してきたソヴィエト体制を熱心に支持するものもいたが、それは一九一七年十月の精神からも、スカンジナヴィア社会民主主義からも、同じくらい遠かった。ソヴィエト体制への反対者もいたが、その多くが社会民主主義者というわけでもなかった。

西側ではゴルバチョフが発した道徳的政治メッセージにより高揚感を抱いた人々は多かったが、ソ連では違うかたちで作用した。ソ連市民は当惑していたし、チェルノブイリの遺産と、それがウクライナとベラルーシの多くの地域を汚染したことが、一般の人々の会話に終末論的な響きを与えた。ペレストロイカのあいだにロシアでフィールドワークを行った西側の人類学者たちは、ほとんどドストエフスキー的に受苦とロシアの魂〔ドゥシャー――ソヴィエト時代を通じて認められていなかった概念〕に取り憑かれた状態について報告している。〔謎めいた闇の〕「諸勢力」がソ連を押しやっており、どこに、そしてなぜなのかは誰にもわからないという無力感があった。不条理の感覚もあって、あまりに多くのことを犠牲にした現在および過去の革命の夢をとらえた。「われわれの生き方はふつうじゃない」と人々は言い続けた。「ふつうの国であってくれさえすればいいのに」。だが、ふつうとは何を意味するのか、誰も知らないように見えた。

テレビに映るソ連の過去についてのグラスノスチは、多くの視聴者にとって行き過ぎであった。彼らはグラーグやそのほかのソ連の残虐行為について彼らが学んだことにショックを受け、ふさぎ込んだ。彼らは東ヨーロッパの離脱にも狼狽し、不正の感覚〔「結局のところ、われわれは彼らのためにしてやったのに！」〕と、諦めきれぬ当惑〔「私たちは彼らが私たちのことを好きなのだと思っていた」〕の両方を表明した。グラスノスチに伴うあらたな寛容性は年配世代の多くを疎外する一方、若者を興奮させた。通りの本売りの露店に現れたのは、道徳的に精神を高める社会民主主義的な書物ではなく、ポルノ、占星術、美容とセックスのハンドブック、超能力と闇の諸勢力に関する本、反ユダヤの小冊子と祈祷書で、意味なくいっしょくたに積み重ねられていた。

一九八五年以前のエリツィンの経歴を見ると、彼がロシア民族主義者、リベラル知識人のいずれとも共通点をもっていると示唆するものはなかったが、ペレストロイカのあいだに彼は両者の焦点となることに際立った成功を収めた。モスクワはあらゆる類の急進的活動の巣箱となり、モスクワに拠点を置くソ連メディアは拡声器として活動した。同時に、少々みすぼらしい、間に合わせの民間セクターが開花し、雨後の筍のようにモスクワ中にキオスクが出現した。この歳月にソ連の首都にはすでに「ポスト・ソヴィエト」的な感覚が漂っていた。地下鉄駅はジダーノフやカリーニンといった過去のソ連指導者の名前を脱ぎ捨て、一九九〇年末には市の主要な通りは革命前の名前を取り戻した（ゴーリキー通りはトヴェルスカヤ通りに、ジェルジンスキー広場はルビャンカ広場に戻った）。レニングラードはさらに進んで、住民投票で僅差の勝利を収め、町の名前がソヴィエト以前のサンクト・ペテルブルグに戻った。

ゴルバチョフが述べたように、一九八七年のソ連経済が「前危機」的状況だったとしたら、一九九〇年から一九九一年までに、主としてゴルバチョフ自身の政策の結果、本格的な危機となった。ゴルバチョフが権力についた最初の数年にあった高い一般支持率は一九九〇年までに二〇パーセントに下落し、一九九一年にゼロ以下になった。ソ連経済の成長率もマイナスになった。石油価格は一九九〇年十一月に急上昇したものの、翌年半ばまでに再び下落し四十ドル前後になった。だが、いずれにしてもソ連の石油生産は一九九一年、前年比で九パーセント落ちて、下降の三年目となり、この流れが続くならばソ連は本当に石油を輸入しなければならなくなるという懸念があった。一九八〇年代初めには小さな予算上の赤字でしかなかったものは一九九〇年末までに五百八十億ルーブルに迫るまでに膨らんだ（これは公式の数字である。アメリカ合衆国の経済学者はずっと高いと考えた）。金保有は急激に落ち込み、国内物価が上昇した。激しいインフレーションとなり、供給問題が都市部で広がり、街頭犯罪が急激に増えた。

一方で、曖昧ではあるが人心をかき乱す「主権」という言葉が領内で聞かれるようになった。これはバルト諸国から始まった。共和国選挙によりうちたてられた人民戦線政府が主権を要求し、ついでそれを宣言した。そして一九九〇年末までに、事実上全ての共和国に広まった。中央アジアでもそうだったが、そこでは主権宣言はソヴィエト体制に反対する人民戦線によってではなく、現地の（そして土着の）ソヴィエト体制自身によって行われた。各共和国は一九三六年と一九七七年のソ連憲法によって、限定的な「主権」ないし「主権的な権利」を保有していたのだが、いまやそれ以上を望むようになった。この時点で主権が意味したものは、モスクワの権力を大きく減らすことと、資源の管理（課税を含めて）を共和国に移管することだった。もちろんモスクワはこの流れに大いに警戒心を抱いた。特にバルト諸国では、主権の主張が、独立宣言とソ連からの分離へと変容する可能性があったからである。だが、よりいっそう困惑させるものであったのは、エリツィン指導下のロシア共和国が最も早い事例のひとつ（一九九〇年六月）として領土と資源への主権を主張したことであった――まもなく「資源」は課税を含むことが明らかになった。ロシア共和国はソヴィエト連邦の中核であり、一九八九年時点でソ連領土の七七パーセント、ソ連人口の五一パーセントを抱え、ソ連の純原料生産の約五分の三を占めた。もしロシアが（より小規模な共和国はさておき）、そこで集められた税収の全てを抱え込むと決めた場合、ソ連政府はどのように統治するということになるのであろうか？

歴史的に、ロシア共和国はほかのソ連構成共和国が持つ、共和国独自の機関――ロシア共産党、KGB、科学アカデミーを含めて――を持たなかった。これはもともとはロシア民族主義の勢いを抑えるためで、それなりに機能したように見えた。ソ連末期の世論調査によると、ロシア人はほかのどの民族集団にもまして、自身のことを民族でいえば「ソヴィエト人」であると考えているものが多かったのである。だが、行政上の実践においては、モスクワはソヴィエト連邦とロシア・ソヴィエト連邦社会主義共和国（ロシア共和国の正式名称）の両方の首都であって、両者の管轄の区分は単にしばしば不明瞭となった。ペレストロイカ以前には、ロシア共和国を指導権争いの権力基盤として用いることを試みるなど、思いつくものさえいなかった。まさにそれが、エリツィンのもとで、起こったことであった。

一九九〇年の共和国選挙でエリツィンはロシア最高会議の議長に選ばれ、そこが彼の基盤だったのだが、それは一九九一年六月に彼が一般投票で新しい地位に選ばれるまでのことであった。その地位の創出にはもっぱら彼が責任を負っていた。すなわちロシア共和国大統領である。一九八七年三月の時点でも、あるロシア民族主義者の代議員が、ある問題に関して、ソ連邦からのロシアの離脱が解決策になろうと皮肉を込めてほのめかし、彼のこの機知に大会は沸いた。だが、一九九〇年までにこれはもはや冗談ではなくなった。ロシアは集めた税をソ連政府に引き渡すことを停止した。ゴルバチョフのソ連とエリツィンのロシア共和国は、あらたな、予想外のバージョンである「二重権力」に、不安定なかたちで絡み合うことになった。

自身が以前に共産党の最高位を務めていた支配圏において、その大統領へと鞍替えすることになったソ連指導者は、ゴルバチョフとエリツィンだけではなかった。共和国の第一書記の大半が同じことをしたので、一九九一年秋までに、ソ連は各大統領に率いられる一連の共和国から構成されるようになり、さらにスーパー大統領として、ソ連大統領が推定上はそれらの上位にいた。

最初のうち、大半の共和国では分離主義は政治課題の上位にはなかった。よその諸共和国にいる二千五百万人のロシア人の存在が障害となっていたのである。地方レベルでは、「民族」問題の最も鋭い形態は、折に触れて起こるタイトル民族とそれ以外の民族集団の紛争であった。たとえばアゼルバイジャン内のアルメニア人自治区であるナゴルノ＝カラバフをめぐる血まみれの紛争である。ロシア共和国の内部でも、自治区と自治共和国が、主権の主張を始めつつあった。歴史的にはカザン(訳注3)は、タタール人が多数派を（僅差で）占める、ヴォルガ河畔のロシア都市であったが、自らをタタールリアの首都であると宣言し、一方、チェチニア（多くのチェチェン人が比較的最近に強制移住先から戻ったばかりで、今なお憤っていた）では、一九九〇年十一月に国民会議が主権チェチェン共和国を初めて要求した。

非ロシア系諸共和国の一般の人々の態度とエリートの思いは極めて移ろいやすかった。一九八九年に大衆誌が行った調査では、ソ連残留支持者が連邦全体にわたって強力な多数派を占めていた。だが、実際には三つのバルト諸国は、ソ連邦への編入を一度たりと十分に甘受してはこなかったのであるが、退出へとよりいっそう近づきつつあり、やはりより後の時期に編入されたモルダヴィア、それに元異論派（ズヴィアド・ガムサフルディア）に率いられたジョージアも、同様の傾向を示した。中央アジアでは、強力な土着の根をもって地歩を固めている地元指導者たちは、分離せよという一般の人々からの圧力にさらされてはいなかったが、彼らの大半は急進的なペレストロイカと民営化に熱意をもたず、それゆえこの点ではいっそうモスクワを疑うようになっていった。これらの共和国内では、多くの人々が自分たちはロシア（ソヴィエト）の帝国的な搾取の歴史的犠牲者であると確信するようになった。ロシア共和国では、もちろん、その逆だと考えていた。

一九九一年三月に行われたソ連の維持に関する全連邦規模の国民投票では今なお大多数が、「対等な主権共和国からなる刷新された連邦」を支持した（七七パーセントが「イエス」で、ウクライナでも七〇パーセントだった）。だが、この規定の曖昧さ——諸共和国はいっしょに残るべきであるが、それまでとは違う基盤で、ということが示唆されていた——は、次の事実によって浮き彫りにされた。仮に主権国家共同体なるものができたとして、あなたはその中における主権的ウクライナに帰属したいですかと尋ねら

（訳注3）「タタール人の国」の意味、タタールスタンと同義。

れると、ウクライナ人の投票者の八〇パーセントはこの問いにも同様に「イエス」と答えたのである。さらには、「全連邦規模」もすでに目減りした概念となっていた。ソ連からの離脱に迫りつつあった六つの共和国――バルト諸国、ジョージア、モルドヴァ、アルメニア――が国民投票への参加を断っていたのである。九つの共和国からなる残余の同盟は各自の指導者(ロシアのエリツィン、カザフスタンのナザルバエフ、ウクライナのレオニード・クラフチュクを含む)を代表として送り出し、四月にゴルバチョフと状況を議論させた。この会議は、大統領を長とし、共通の外交および国防政策をもつ「ソヴィエト主権共和国連邦」(「社会主義」はいまや落とされた)を樹立する協定を準備することで合意した。その後の草案づくりのあいだにエリツィンからかけられた圧力により、この「連邦」はよりいっそう「国家連合」に近くなり、その大統領はみるみる執行機能を失った。その一方、ロシア、ウクライナ、その他の共和国政府は、各自の域内で、静かに舞台裏で、ソ連の機能の簒奪を続けた。だが、いずれにしてもこの条約は決して履行されることにはならなかった。クーデタが介入したのである。

ゴルバチョフの二つの権力基盤は共産党と大統領職であったが、党の評判と士気は急速に落ちつつあり、大統領職も行政官と動員係という支えをもたない説教壇であった。強力な国際的な支援が継続していたにもかかわらず、ゴルバチョフは四苦八苦した。一九一六年から一九一七年にかけて皇帝と帝政ロシアに起こったように、彼およびソヴィエト体制の正統性はなくなりつつあった。理性的な観察者であれば誰でも、左か右からの彼に対するクーデタを十分に予期することができたであろう――もっとも起こりそうであったのは右からのもので、一九一七年のコルニーロフ将軍流のクーデタであった。(訳注4) クーデタは八月半ばに起こったが、滑稽なほど間が抜けていて、キーストン・コップスのドタバタ劇そのものだった。ゴルバチョフとその家族がクリミアのフォロスで休暇を取っていたとき、副大統領ゲンナ

クーデタ中、戦車の上で行ったボリス・エリツィンの演説。1991年8月19日（戦車の操縦士は手で顔を覆い隠している）。

ジー・ヤナーエフ、国防相ドミトリー・ヤゾフ、KGB長官ウラジーミル・クリュチコフが率いるグループが飛行機でやってきて、彼に国家非常事態宣言を出すよう求めた。彼が拒否すると、彼らはモスクワに飛んで戻り、自分たちで非常事態宣言を出し、ゴルバチョフが病気の間、ヤナーエフが大統領代行になるとした。そのあいだゴルバチョフ一家は数日間外部との連絡を絶たれ、フォロスの彼らのダーチャで軟禁された。

試みられたこのクーデタは基本的にモスクワの企てであり、諸共和国の指導者を味方につけようとする真剣な試みはなされなかった。クーデタを支持すると声明を出したのはアゼルバイジャンの指導者ただ一人だった。大多数は用心して何が起こるかを見極めようとした。おそらく、彼らより前にコルニーロフがそうであったように、モスク

（訳注4）一九一〇年代にアメリカで活躍した喜劇役者集団で、警官隊の格好をした。

ゴルバチョフとその家族、フォロスから戻る。1991年8月22日。

ワの陰謀家たちは、解体から国を救うためのイニシャティヴをとることによって、ゴルバチョフのために尽くしていると考えていた。だがそのことをテレビで声明する彼らの振る舞いは哀れなものであり、何万人もの人々が抗議のためにモスクワの街頭に出た。軍部隊と戦車が市の中心部に導入されたが、発砲のための命令もそうするつもりもなかった。エリツィンは、陰謀家たちの無能のために自由であり続け、時の英雄となった。戦車の上に立つエリツィンの写真は世界中に広まった。陰謀家たちは怖気づき、ゴルバチョフは解放されてモスクワに戻った。だが、ゴルバチョフの政治上の地位、それにソ連が生き残る展望は、致命的な打撃を受けた。

クーデタを受けて、エリツィンは、ロシア共和国の長として、その領内における共産党の活動を停止させた。ウクライナは、スタートはゆっくりだったが、民族主義者の支持が急増し、一九九一年十二月一日の国民投票では九〇パーセントの票が独立を支持し、投票率八四パーセントだった（これは共和国のウクライナ人の多数派が賛成しただけでなく、そこのロシア人の多数派もそうしたということを意味した）。

八月初め、アメリカ合衆国大統領ジョージ・H・W・ブッシュはゴルバチョフとソ連の維持を支持し、ウクライナの首都で行った演説——国内の批判者が失礼にも「キエフの臆病者」とあだ名をつけた——で「自殺的な民族主義」に対し警告を発した。だが十一月までにブッシュはアメリカ議会とウクライナ・ロビーから激しい圧力を受け、後退しつつあった。差し迫るウクライナの離脱、それにアメリカ合衆国がそれを黙認する見込みが、ソ連の棺にとっての重要な釘となった。

ソ連終結の主要な執行者は、しかしながら、エリツィンであった。ダイアナ妃が自身の結婚について、三人いたのでちょっと混んでいた〔カミラへのあてこすり〕と述べたのは有名だ。同じことがモスクワにいる二人の大統領についても言えた。二人のうちゴルバチョフは、一般選挙で選ばれたわけではなく、自分がより弱い立場にいることを見出した。もし彼がクーデタのあとで辞任し、ソ連大統領という上位ポストをエリツィンに引き継ぐ道を開けば、ソ連はその後に起こったほどには完全には解体しなかったであろう。というのはエリツィンはそのときは、ソ連の崩壊よりも、修正された形態においてではあれ、その存続に関心を持ったであろうから。だが、一九九一年十二月二十五日になるまでゴルバチョフはソ連大統領を辞任しなかったのであり——そのときまでに、エリツィンの主導で、ロシア、ウクライナ、ベラルーシ各共和国の長は秘密裏に集まり、ソ連をかなり切り詰めた後継者、独立国家共同体に合意していた。統一軍はあるが、中央大統領も議会もなく、これが数日後に三共和国によって批准された。アメリカ合衆国国務長官ベーカーが一週間後モスクワを訪問した際、ロシア大統領エリツィンがクレムリンで彼を迎え、ソ連の新国防大臣エフゲーニー・シャポシニコフ元帥が付き従っていた。ゴルバチョ

ジェルジンスキーの像。1991年8月23日に倒される。現在モスクワの「倒された記念碑公園」に立っている。2006年以来、まったく同じ複製がベラルーシの首都ミンスクにある。

フの辞任はすでに存在する状況の承認であった——彼が大統領を務めた国はもはや存在していなかったのである。

ソ連政府とソ連共産党（クーデタのあと解散させられた）の資産のうちモスクワにあるものを確保し、隠匿し、着服するために多くの手が舞台裏で働いていたが、一番の取り分を得たのはロシア共和国を代表したエリツィンであった。各共和国の指導者も、領域内にある国家と共産党の資産について、その例に倣った。ロシア共和国は今やソ連の後継国家となり、ロシアの三色旗がソ連の旗に代わりクレムリンに掲げられた。他の諸共和国は——あるものは熱狂的に、あるものはそれ以外の選択肢がなかったために——自らを主権独立国家であると宣言した。ソ連は、ほんの十年前には見たところ安定した超大国であり、強力な軍隊と警察、それに最近にはほぼ二千万人の党員からなる統治党を有していたのであるが、自己崩壊を遂げ、それを守るために一発の銃弾も放たれることはなかった。

結論

ソ連をつくり維持するために厖大な血が流された。理想主義者の血も、凶漢や出世主義者の血も流されたが、流された血の大半はとにかく生き延びたいと思ったふつうの人々の血だった。この国は自ら何十年間もほかの世界から隔絶し、「社会主義を建設」した。その本質的な部分は、国家を強化し近代化することだった。その国家は国民に対して大きな罪を犯した。大粛清、クラークや諸民族の強制移送、グラーグの創設と拡大。そのあとで、長く恐れられていた、外敵相手の流血、すなわち第二次世界大戦が続いた。戦後、何千万人もの人命の喪失と、恐るべき破壊を経て、それに再び国境が閉ざされる中、事態は徐々に落ち着いた。大きな流血も動乱もなく、約五十年が過ぎた。

これらすべての騒乱のなかから、われわれの物語の始まりとなったブレジネフ時代のソ連が現れたのだった。それは、依然として相対的に貧しかったが、かなりの程度平等主義的な、福祉国家であった。誰もが教育を受け、職を得ることができた。戦前の歳月における社会的上昇（あるいは下降）の大きな機会は去ってはいたが。高級文化が大衆にもたらされた。そのことは高級文化の創造者たちのあるものをうんざりさせたし、彼らが西側の「頽廃的」傾向から守られていたことも同様であったが。男たちは痛飲したが、それで社会的非難を受けることはなかった。女たちは、依然家族計画の手段として中絶に頼ることを余儀なくされており、労働と家事という二重の重荷を担っていた。多文化主義（当時はこうは言わなかったが）に、社会全体として基本的に肩入れしていた。民族的偏見を公然と表明することはタブーだった。国有経済と、中央集権的に計画化された軋みを立てるその制度との隙間で、腐敗が横行した。重厚長大産業は、一九三〇年代にはその建設を成し遂げたことが誇りであったが、チェルノブイリの惨禍が強調したように、環境に大きなダメージを与えていた。国際平和に対する体制の公然たる肩入れは、膨大な軍事支出と手をたずさえて進んだ。国境は今やや開かれていたが、教育を受けた中流階級には十分でなかった。公安機関はテロをやめた。監視と懲罰はもはや手あたり次第に課されるのでなく、異論派の役割を担うと覚悟を決めた個人に焦点を絞った——異論派の数は比較的少なかったが、声を反響させる役割を担うラジオ・リバティーのような外国の「声」があった。私的空間の涵養が時の言葉であったが、ソ連プロパガンダの独善的な教訓主義を耳にたこができるほど聞かされるとき、ソヴィエト生活の意外性に欠けて退屈な調子は、若者よりも年長者の心に訴えた。

　ブレジネフはこれを「社会主義」と呼んだが、それは確かに、公式の判断基準——国家所有制、福祉保護、女性の解放、民族的多様性の容認——の多くを満たしていた。それは、ソ連が半ば世界から孤立していることを必要とするという不利な点があり、指導者を選び罷免する、あるいは競合する政党のあいだで選択を行う民衆の可能性という意味では、民主主義に不足していた。だが、民主主義の欠如はその大半の市民にとって大きな懸念ではなかった。主要な不満の種は、もっと物質的なことだった。「社会主義」は豊かさをもたらさねばならないはずであったが、ソ連の生活水準は西側先進国より低く、一九六〇年代以後にはもはやギャップがいずれそのうち埋められるようには見えなかった。もしこれが実際に社会主義であるならば、多くのソ連市民は何かそれ以上のものを望んでいるように見えた。

ソ連が消滅したとたん、誰もがソ連を「帝国」と呼ぶようになった。この言葉はソ連では使われてこなかった。なぜならばソヴィエトの用語では、帝国を持っているのは資本家だけであったから。また西側ではそれは主に「悪の帝国」という文脈で用いられてきた。だが、一九九〇年代初頭に「帝国」という言葉はいたるところで聞かれるようになったし、それにはもっともな理由があった。突然にその辺境部を失うような多民族国家は、たしかに帝国であるに違いない。そしていったん帝国として見られるようになると、その崩壊は植民地（非ロシア系ソヴィエト共和国）が帝国中心（モスクワとロシア人）による搾取から自らを解放するという観点から容易に説明できた。これはもっともらしく見えるのだが、部分的にのみ正確であった。

第一に、モスクワがその「植民地」から経済的に利益をあげていたという想定は疑わしい。非ロシア系の諸共和国の国民はペレストロイカのあいだにそのように見るようになった。他方で、ロシア国民は反対にとらえ、非ロシア系の諸共和国側が経済的に有利だったとし、それに西側経済学者は、解きほぐすにはあまりに複雑な問題であるとして一般にこの話題を避けつつも、ロシア人に同意するほうに傾いている。第二に、「解放」モデルは、植民地の住民が抑圧者に対して立ち上がり、彼らを追い出したと示唆する。少し拡大解釈して考えるならば、これはバルト諸国で起こったことには当てはまるかもしれない（ソ連はそこの喪失には耐えることができた）が、残りの部分にはあまり当てはまらない。大多数の場合において、共和国の指導者たちは抗いがたい住民の圧力の結果としてではなく、連邦の崩壊の結果として、決定を行ったのだった。連邦の崩壊は彼らに、基本的にコストなしに、国民の指導者になれる絶好のチャンスを提供したのである。そのようにすることで、さらに、彼らはロシアの後に続いていたの

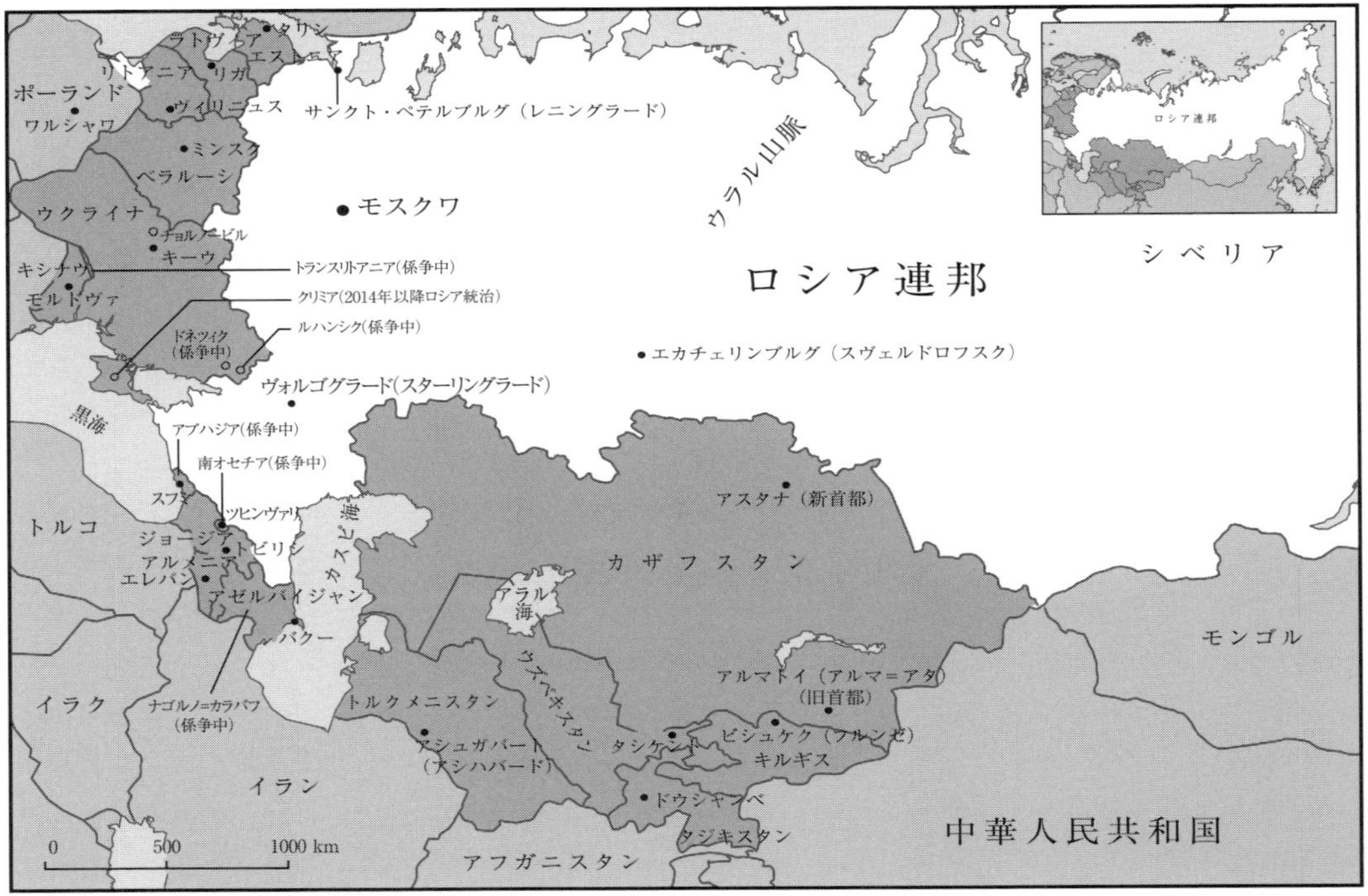

ロシア連邦と2014年時点の周囲の国々

であるが、そのロシアは、もしわれわれが帝国モデルに従うならば、自らを自身の「帝国」支配から解放していたものとして、見られなければいけない。

ロシア経済は市場経済の恩恵のもとで必然的に拡大するから、ロシアは（それに、願わくば、残りの新しい国々も）民主的なポスト・ソヴィエトの未来を迎えると西側評論家は予想した。だが、歴史感覚があるロシア人は、動乱時代が来ると身構えた。一九九〇年代に行われた世論調査の回答者のうち、ロシアが西側型の「民主主義」から利益を得るだろうと考えていた人は五分の一以下であったし、ポスト・ソヴィエト時代の政治実践を見聞きした結果、「自由」と「選挙」という言葉とともに、この言葉自体に対する否定的な反応が広範にもたらされた。一九九九年の世論調査で、ロシア人に十三の項目のうちあなたたちに最も大切なものはどれかと尋ねると、「民主主義」は最後から二番目で、「起業の自由」を除いてどの選択肢よりも人気がなかった。選択の最上位は「安定」と「社会福祉」だった。

ショック（shok）という言葉は、エリツィン大統領のもと波乱に満ちたポスト・ソヴィエト時代の最初の十年間に、どこでも耳にする新語だった。「ショック療法」はエリツィンが導入した私有化政策のアプローチで、西側経済学者の助言を得て定式化され、エゴール・ガイダル（ソ連時代の著名な児童文学作家の孫）によって実行された。以前にはほとんどすべてのものが国家に属していたことを踏まえるならば、私有化は指針を与えてくれるような先例を一切持たない大事業だった。ロシア人は結果を「野蛮な資本主義」と呼んだ。それは、誰もが奪い取れるだけの資産を奪い取り――旧国家・党組織で高い地位にあるか良いコネを持っている人はより多くを奪い取ることができた――ついでそれを警固するという過程のことであった。高級党学校（ユーリー・アファナシエフの研究所）のリベラルな学者でさえにわかに活気づいて町中歩き回り、より望ましいキャンパスを手に入れようとしていた。ソ連では個人で所有することが認められていなかった拳銃があちこちで見られるようになった。金の鎖が見えるようシャツをはだけて迷彩服を着る警備員も同様である。誰もが保護してくれる存在（「屋根」）を探していた。保護を提供してくれる集団が警察なのか、犯罪グループなのか、あるいは両方が入り混じっているのかを答えることはしばしば難しかった。

以前は国家が低価格で貸していたアパートは私有化された。有利な価格でそれを購入する能力を持っていた人々が、大家となった。これに伴って起こった問題は、ついで犯罪者がやってきて、法外な支払いを求めかねず、支払いができないときには、住民を通りに放り出しかねないということであった。アパートに残った人々は自分の家のために鉄扉を購入したが、だからといって階段の吹き抜けやエレベーターで安全でいられるわけではなかった。そこでアパートのあるブロックは門をつくり、エントランスに西側スタイルのブザーをつけた。都市住民で農村にもダーチャを持っていたものはしばしばそこに退避し、都市部のアパートは人に貸してやりくりした。「自分の庭を耕すこと」は単なる比喩ではなく、基本的な日用品の価格統制がなくなって物価が高騰した一九九〇年代にはほぼどこでも実際に行われた。

インフレと給与の不払いによって、年金生活者と多くのホワイトカラーが困窮状態に陥った。地下鉄駅の外に年老いた女性が立ち、黙ってわずかばかりのかぶや毛織の手袋を差し出し、急ぎ足で通勤する人々が買ってくれないかと期待を抱いていた。物乞いやホームレスが突然都会の景色の一部となった。工場や事務所といったしっかりした仕事場を持っている勤め人は、給料が支払われなくなってさえも、仲間意識からも、それに内輪で分配されることがあるかもしれない物資のためにも、そこにしがみついた。集団農場の農民はコルホーズ議長が事態をうまく切り盛りしてくれると期待をかけた。知識人は特に打撃を受けた。貧困（彼らの給与はほとんどゼロに近くなった）のためだけでなく、「本格」文芸誌など彼らの生活を支えてくれる主な制度が崩壊したからだった。知識人――またソヴィエト国家――が教育と高等文化を高く評価したことは、彼らの孫たちには滑稽に見えた。孫たちは素早くアメリカ語を学び、手っ取り早く金を稼ぐ手立てを探していた。二〇〇二年には六万人が自殺し、ロシアは世界で最も自殺率の高い国になった。男性の平均寿命は一九九〇年代初めの六十四歳をほんの少し下回るところから、十年後には五十八歳に急降下し、二〇〇五年まで上昇しなかった。ロシアの女性たちがもつ、困難に直面した際の回復力は、長く讃えられてきたものであったが、彼女たちはふたたびそれを発揮し、同じ時期にその平均寿命は二年半しか短くならなかった。解放されないことを熱望し、主婦の役割を大切にした女性たちもいた。

ロシア人のなかには、旧国家資産を自分のものにする好機が巡ってきた際に、もっぱら素早く反応したことによって、よりうまくやったものもいた。「新ロシア人」は成金を指す言葉であり、「オリガルヒ」は極端な金持ちたちの小さなグループを指す言葉であった。そこに含まれているボリス・ベレゾフスキーやミハイル・ホドルコフスキーといった人々からの承認に、エリツィン体制は依存していると考えられていた。ベレゾフスキーは数学者で技師であり、後期ソ連において科学アカデミーのある研究機関で部門長を務めた人物で、ロシアの中心的なテレビチャンネルを獲得したことにより財を築いた。ホドルコフスキーはコムソモール機構の一員で、ペレストロイカのもとで民営カフェを開いたことでビジネスのキャリアを始めた人物で、民間銀行の世界に入り、一九九〇年代半ばに国家から特売価格でユコス石油を獲得した。これらの財産が蓄積された方法を考えると、不法行為の汚点が常につきまとった。ロシアの新しい「資本主義」は、部分的に西側モデルを基にしているものの、旧ソ連の「第二経済」の直接の後継者でもあって、契約よりも個人的な結びつきに基づいて、合法性のグレーゾーンで機能していた。

ロシアの新富裕層は極端に派手な消費をすることで知られていた。たとえば別荘をバロック様式の城仕立てにして、近隣の村民を不思議がらせた。彼らは西側で多くの時間を過ごし、子弟をイギリスやスイスのエリート校に送り込み、新たに得た富の多くを海外に置いた。そのための余裕のあるものにとって、制限のない西側旅行は、ロシア人が得たポスト・ソヴィエト時代の大きな恩恵の一つだった。ソヴィエト体制が課した制限のなかで、この制限が特にうんざりするものであったということがはっきりした。今や、七十年間で初めて、自身を亡命者と考えることなく自分の国を離れること（旅行者として以外で）がロシア人に可能となった。脚光を浴びている知識人と芸術家は、実業家とともに、今や国境の両側で住居を構えることができた。開かれた国境の魅力に応えた若い女性は、今やヨーロッパで売春婦として働くこともできた。

新しいロシアには自由な報道があった。その政治的な相貌はさまざまであり、当面のスキャンダルを、現実のものでも、想像されたものでも、歴史上のスキャンダルと同様に、熱心に追った。だが、最も勇敢なジャーナリストたちには命の危険があり、ジャーナリストの暗殺は――ライバルによる実業家の暗殺とともに――比較的ふつうに見られるものとなった。インテリゲンチャはペレストロイカ（それに責任があるとして、ゴルバチョフとともに多くの国民から非難された）の崩壊によって潰れ、そのメンバーは、地位の喪失と、道徳的リーダーシップに対する彼らの主張の失墜に苦しみ、新ロシアで自分の地歩を見つけることに困難を抱えた。さまざまな政党が誕生した。復活したロシア共産党は一九九〇年代に大いに勢いを増したが、その周囲にはリベラルおよび民族主義諸政党もあり、それに街頭には、ナチまがいの暴漢めいたものもいた。各政党は帝政時代と同じ名前の新議会であるドゥーマの選挙を争った。

ドゥーマは多くの活発な議論、それにいくつかの緊急立法（ある法律はソ連を「復活」した）の場となったが、大統領にはドゥーマの立法を承認する義務がなかったために、それほど大きな意義をもつことはできなかった。エリツィン大統領自身は政党をつくらなかった。彼は酒飲みで心臓に問題を抱え、その健康も振舞いもますます不安定になっていった。

ＫＧＢは新しい名前（ロシア連邦保安庁、あるいはＦＳＢ）のもとで体制転換を生き延び、そのアーカイヴ文書を管理し続けたが、ソ連共産党のアーカイヴ文書はその他の財産とともに新生ロシア連邦に引き渡され、公開された。一九九二年にロシア憲法裁判所でソ連共産党の合法性が審理にかけられた際に、その文書は証拠として利用された。前年にエリツィンが行った共産党の解散は憲法に反すると主張する、元共産党員が行った訴訟に端を発する裁判だった。これは、憲法に反するのは一九一七年以来の共産党支配の時代すべてであるとする対抗訴訟を引き起こした。この裁判は、それまで秘密扱いであった多くの文書を機密解除したので、歴史学者にとっては恩恵となるはずであったが、几帳面に審問を傍聴した『ワシントン・ポスト』紙のモスクワ駐在記者は、彼以外に誰も気にかけているものがいないことに気づいて驚いた。

ソ連崩壊に対する大衆の初期の反応としては、新しいロシア連邦をその革命前の先行者から隔てる七十四年間は一切存在しなかったかのように振る舞うということがあった。帝政期の過去が、これらの歳月に人々が取り戻すことを切望した何かであった。旧帝政の双頭の鷲が国家のシンボルとして復活した。ロシア人はおぼろげに記憶していた正教会を再び信仰するようになり、高貴な先祖を再発見した。ちょうど彼らがソヴィエト時代の初めにプロレタリア的な先祖を発見したのと同じように。帝政時代まがいの俗っぽい装飾を施したレストランがオープンした。超能力者と魔術師が大人気になり、ある占星術師

複数のレーニン像が左手に。彼らの新しい住まいであるモスクワの「倒された記念碑公園」にて。

はテレビでいちばんの人気者の一人となった。十一月七日の革命記念日は国民の祝日のままだったが、楽天的な「和解と一致の日」という新しい名前になった。ソ連指導者のあまりに多くの記念碑が倒されたので、モスクワはそれらを置いておく特別の公園をつくらなければならなかった。だが、モスクワの町は新しい救世主ハリストス大聖堂も手に入れた。クレムリンからそれほど遠くない、一九三一年にソ連政府が爆破した、以前の聖堂があった場所に建てられた。

一九七七年憲法で主張されたように、新しい「ソヴィエト的」アイデンティティとナショナリティが出現しつつあるかどうかは、ソ連時代末期に論点となっていたが、今や自信をもってイエスと答えられるようになった。ソヴォーク（文字通りには、ちり取り）が「ソヴィエト人」（男も、女も）の新しい侮蔑語となり、そうした暗愚な人々は新聞で繰り返し嘲笑された。『ソヴデピア（ソ連）語解釈辞書』（訳注1）が、ソヴィエト語法のガイド（あるいは記念碑として）出版された。外国語、それにロシア語の話しことばと書きことばにおける最近の変化に関する新しい辞書も大いに必要だった。マスメディアの言語は突然かつ徹底的に西側化され、ソヴィエトの略語がかつてそうであったように、ロシア語で異様に響く大量の造語が現れた。一九九〇年代の人気小説であるヴィクトル・ペレーヴィンの『ホモ・ザピエンス』（訳注2）は広告とテレビの新しい世界に舞台を設定したブラックコメディだが、そのなかでは、イミージ（イメージ）とピー＝アル（PRないし広報）がすべてであり、核となるアイデンティティは消失していた。

自己再発明の途上にあったのは個人だけではなかった。新しい国民国家についても、よりいっそう劇的なかたちで、同じことが当てはまった——ある評論家が述べたように、それらは国民としての形成がなされるよりも前に、国家運営のビジネスに今や突然入り込んだのである。多くの国々は各共和国の元党第一書記によって率いられていた。彼らはソ連崩壊直前に大統領への横滑りをし遂げ、職にしがみついたのである。二〇一九年に七十八歳で新独立国家カザフスタンの大統領を辞任することになるヌルスルタン・ナザルバエフも、そうした人々の一人であった。同様のことはアゼルバイジャン、ウズベキスタン、それにトルクメニスタンの大統領にもいえた。トルクメニスタンではサパルムラト・ニヤゾフが、自らを「終生大統領」とすることで、残りのものたちよりも一枚うわてだった。ジョージアでは、たしかに、かつての反体制派でシェイクスピア学者だったズヴィアド・ガムサフルディアが元首となったが、ゴルバチョフの元外相エドゥアルド・シェワルナゼにとって代わられ、彼は彼で熱烈な自由市場の熱狂者ミハイル・サーカシヴィリにとって代わられた。ペレストロイカの時代におけるウクライナの大学の卒業生という彼の地位は、より前の時代であれば、ソ連の「諸民族の友好」の実例として引き合いに出されたであろう。カフカース地方におけるその他の俄仕立ての指導スタイルには、北カフカースの元コムソモール活動家によるものも含まれる。(訳注3) 彼は、ゲオルギ・デルルギアンが（『カフカースにおけるブルデューのひそかな崇拝者』の中で）描いたように、新たな支配国家である独立ジョージアに対する、民族主義的反乱を率いるイスラーム指導者へと、自己再発明を行ったのである。

連邦制をとっていたソ連が個別の独立国民国家の一群に解体してしまったとすれば、ロシア共和国がそうならないということがあろうか。そこでは潜在的な脱退者は、タタールスタン（旧タタール自治共和国あるいはタタ－リア）とチェチニアを含んだ。だが、エリツィンとそのあとを継いだウラジーミル・プーチンは、この件に関して、超えてはならない一線を引いた。チェチニアの場合には、結果的に戦争――アルメニアとアゼルバイジャンを巻き込んだナゴルノ＝カラバフ紛争を含む、数多くあるポスト・ソ連時代の民族に起因する紛争の一つ――になり、何年も困った状況が継続した。タタールスタンは別の針路をたどり、タタール人に「対等の主権」（だが独立主権ではない）と共和国の石油歳入の分け前を与える条約をロシアと調印し、プーチンはカザンの新地下鉄システムを褒賞として与えた。

国際的には、ポスト・ソ連時代のロシアは、アメリカの後見と民間投資の恩恵を大いに受けて、国連安全保障委員会のソ連の席にしがみつくことにも成功した。しかし、世界におけるロシアの地位は大きく低下し、ゴルバチョフの考えでは西側がそんなことは認めないと約束してくれた、ＮＡＴＯの東方

（訳注1）ソヴデピアは「代議員評議会（ソヴィエト・デプタートフ）」からつくられた革命・内戦期の侮蔑語。
（訳注2）これは英語版の題。原題および邦訳は『ジェネレーション〈Ｐ〉』。
（訳注3）ソ連末期に「カフカース山岳民族連合」の初代大統領となったムサ・シャニブ。

ビフォー・アンド・アフター。サパルムラト・ニヤゾフ。ソヴィエト・トルクメニスタンの共産党第一書記として、（独立、ポスト・ソ連の）トルクメニスタン大統領として。

拡大を受け入れなければならなかった。ポーランド、チェコ共和国、ハンガリーは一九九九年にNATO加盟が認められ、スロヴァキア、スロヴェニア、ブルガリア、ルーマニア、バルト三国が二〇〇四年に続いた。ロシアの観点からするとより悪いことに、ウクライナとジョージアが、NATOへの加盟はまだ許されていないものの、待機中の状態にあることが認められた。超大国であるかどうかはいうまでもなく、ロシアがもはやグローバル勢力であるのかどうかすらも、疑問に付された。もちろん、ロシアは今なお地域勢力であったが、その地域はまずは旧ソ連諸共和国と旧ソ連ブロック諸国から構成されていた。一九九一年には諸共和国に対して、ソ連を離脱するよう奨励したエリツィンと彼の外相であるアンドレイ・コーズィレフは、素早く彼らのアプローチを変えて、彼らがロシア共和国のことを、他の近隣諸国がなんらかの形でその周囲に再結集するであろう天然の磁石として見ていることを知らしめた。だが、反応は微温的なものであった。瓶のなかから分離主義の精霊を引っ張り出すことは、元に戻すよりもずっと易しかったのである。一方、ロシアでは、世論調査が示唆するところによれば、七一パーセントがソ連の解体はまちがいであったと考えていた。

エリツィンは一九九〇年代の大半、権力の座にあり続けたが、一九九八年の財政危機によって国は破産寸前となり、ロシア中央銀行は債務の不履行を宣言しルーブルを切り下げた。健康状態が悪化するなか後継者を探していたエリツィンは、あまり知られていない元ＫＧＢ職員で、ウラジーミル・プーチンという名前の人物に行き当たった。柔道愛好家で、控えめな物腰であり、過去数年にわたりクレムリンの行政機関で働いていた。エリツィンはプーチンを一九九九年に彼の首相に任命し、そうすることでエリツィンが数か月後に辞任したときに、彼が大統領代行となれるようにした。二〇〇〇年の大統領選挙では、多くの人が驚いたことに、だがチェチェニアでのロシアの軍事的成功に助けられ、プーチンは第一ラウンドで一般投票の五三パーセントを獲得した。

プーチンはかつて多少の皮肉を込めて、自分のことを「ソヴィエト人の愛国教育の絶対的に成功した産物」として描き出した。戦後の窮乏の極みにレニングラードの労働者階級の両親のもとに生まれたプーチンは、法律家としての教育を受け、それから確信とロマンティシズムによってＫＧＢに入った（彼が若いころ、ソ連では英雄的なスパイ物語が人気だった）。彼のとくに際立つところもないソ連でのキャリアの最後の十年間、彼は東ドイツでソ連工作員の任務に就き、一九八九年にその劇的な崩壊を目撃したのち、ソ連の高まりつつある混乱のただなかに戻った。彼は正式には決して共産党を離党せず、単に彼の党員証を、それがもう無意味なものとなったときに、引き出しのなかにしまい込んだ。ロシアに戻ったプーチンは、レニングラードのリーダー、アナトリー・サプチャークのために働き、ついで一九九六年にモスクワに移った。プーチンはレーニンの街――レニングラード――出身というだけでなく、一九二〇年代、レーニン未亡人のコックとして働いた祖父を通じて、レーニンと薄い家族的なつながりをもってさえいた。依然としてソヴィエト時代であったならば、コックの孫が政府の長の座にいるというのは、レーニンが『国家と革命』で行った予言の実現に他ならないと誰かがきっと指摘したであろう。

初めのころプーチンの指導者としての業績は予想を超えて印象的だった。自分は（穏健な）ロシア民族主義者で正教会を信仰しているが、ソヴィエトの過去に敬意を抱いているという姿勢を取ったプーチンは、オリガルヒの抑制、ロシアの解体の停止（チェチニアの場合のように）、「野蛮な資本主義」の行き過ぎの矯正、財政システムとガスのような基幹産業に対するある程度の国家統制の強化に着手した。彼の努力は国際石油価格の上昇により助けられた。二〇〇八年には原油価格は一バーレル当たり百三十七アメリカドルで、その後二〇一四年から再び下降した。プーチンは安定と、ロシアが失った国際的地位をある程度回復する希望とを与え、高い、そして非常に高い支持率（国家の世論調査だけでなく、独立機関の調査でも証明された）によって報われた。エリツィン時代のオリガルヒに対するキャンペーンの一環として、ボリス・ベレゾフスキーが亡命を強いられ（彼は二〇一三年に奇妙な状況の下、ロンドンで死亡することになる）、ミハイル・ホドルコフスキーは二〇〇三年に経済犯罪で告発され、刑期を務めあげた後に国を去った。

長期に渡る押して引いての戦いのなかで、プーチンはモスクワと折り合いの悪い地方知事を罷免するための大統領権力を次第に増やしていった。政治的には彼は新しい全国政党、統一ロシアの支持を得た。

統一ロシアはドゥーマ選挙で候補者を立て、全地方知事がそれに入党することが期待された（それは伝統的な政党というよりも、リチャード・デイリーの有名なシカゴの「集票マシーン」のように、票を調達して国政ポストの候補者を選び出すためのメカニズムであり、プーチンはデイリー市長のように、政治局なしで活動した）。シロヴィキ——プーチン自身のようにソヴィエト軍および治安関係出身の人々——に一部頼る彼の行政は、政治上の挑戦に対してよりいっそう不寛容になってゆき（選挙という枠組みは維持したものの）、二〇〇八年に憲法上の任期が終わった際には、権力の座に留まるためにシステムを操作した。二〇二一年の時点でプーチンは六十八歳で、ロシア大統領第四期目にあった。

当初の予備的交渉ののち、プーチンは西側と良好な関係を復活させるのをあきらめたように見え、おそらく西側世論を軽視することを楽しみ出しさえした。ジョージア、ウクライナ、キルギス共和国の二〇〇三年から二〇〇五年にかけての「カラー革命」は、この仲たがいに重要な役を務めた。NATOとアメリカ合衆国がこれらの国々の背後にいて、ロシアに共感を持つ政府を不安定にさせようとし、ロシアそのものに対しても同じ手を使う可能性があると、ロシアの指導陣は確信していたからである。プーチンのKGBの過去が、明らかに彼の行政機関から発している「汚いトリック」とともに、再浮上したように見えた。たとえばロシアの元諜報員であるアレクサンドル・リトヴィネンコとセルゲイ・スクリパリはそれぞれ二〇〇六年と二〇一八年にイギリスで毒を盛られた。二〇一四年には、フルシチョフが鷹揚な姿勢を見せて一九五四年にソヴィエト・ウクライナ共和国にプレゼントしたクリミアを、ロシアは再要求した。クリミアは黒海艦隊の拠点としてロシアにとって重要で、ロシア語話者が多数を占め、住民の約三分の二は自分のことを民族的にはロシア人と考え、残りの住民は主にウクライナ人とクリミア・タタール人であった（クリミア・タタール人はソ連崩壊後になって、一九四〇年代に強制的に追放された地から戻ってきた)。ロシアはまた、多かれ少なかれ秘密裏に、ウクライナ東部のドネツィク州とルハンシク州における分離主義運動を支援し、資金を提供した。ウクライナ人口の約七分の一が暮らすこの両地方では、民族的ロシア人がウクライナ人とほぼ同数であった。これらの行動は西側で憤慨を引き起こしたが、ロシアでは人気があった。

ソ連が消滅したことを残念に思う大多数のロシア人にとって、NEPからペレストロイカが始まるまでのソ連の全時代は、公的秩序、安全、基本財の低価格の時代として思い出された(もちろん、完璧に正確というわけではない)。ソ連国民が過去の指導者たちを再評価するなかで、ブレジネフは大いに得をした。二〇〇〇年代初頭に生きる多くの人々にとって、ブレジネフ時代は黄金時代として際立っていた。「戦争も革命もなかった。飢餓も激変もなかった」と二〇〇二年にブレジネフを称えるロシア人伝記作家は書いた。「ごくふつうのソ連の賃金労働者に、すなわち国民の大多数に」とってよりよき生活だった。要するに、「苦難に満ちた二〇世紀全体のなかで、いちばんよい時代だった」。

エリツィンとゴルバチョフは二〇一七年の世論調査で公衆から冷淡に扱われた。その調査によれば、両者に対する「怒り、軽蔑」が回答者三〇パーセントの主な感情であり、他方で追加的に一三パーセントから一五パーセントが「嫌悪、憎悪」を選択した。ゴルバチョフに対する態度は、西側で支配的な称賛と共感とは際立って違っていた。ロシア人にとって、彼は民主的改革の英雄ではなく、ソ連を失った張本人だった。この二人の元指導者は、だが、古き良きソヴィエトの伝統における「抹消された人物」となることはなかった。ゴルバチョフは九十歳で、今なお形式上は非営利団体ゴルバチョフ基金の長を務め、一方、二〇〇七年に死亡したエリツィンは、生まれ故郷のウラルにある壮観なエリツィン博物館によって称えられている。

同じ二〇一七年の世論調査によると、一般の人々の評価という点では、スターリン（三二パーセントの回答者が彼に対する自分の感情をいちばんよく表す言葉として「尊敬」を選んだ）がプーチン（四九パーセント）を除くどの指導者より高い点を得て、レーニンは二六パーセントで三位だった。屈辱を味わった国民にとって、スターリンは国民の誇りと達成を歴史的に体現する人物だった――国民と工業力の創出者、それに国民を第二次世界大戦の勝利に導いた人物なのだ。スターリンの遺産のうち抑圧の部分は、ポスト・ソ連時代のロシア人の大半にはより関心をひかないもののようであった。

2014年、引退したミハイル・ゴルバチョフとアメリカのソヴィエト学者スティーヴン・コーエン（着席している）、コーエン夫人のカトリーナ・ヴァンデン・ウーヴェル。後ろには『ノーヴァヤ・ガゼータ』編集者で2021年のノーベル平和賞受賞者、ドミートリー・ムラトフ。

第二次世界大戦は、先行するソ連国家にとってそうであったのと同じように、新しいロシア連邦の国民的神話の中心になり、スターリンは勝利を体現していた。二〇一四年以来、ロシア人は大戦中のソ連の活動について好意的でない描き方をすると処罰され得るようになり、二〇二一年に下院ドゥーマは、第二次世界大戦の元軍人を侮蔑した場合、刑期五年以内の処罰を課する法を制定した。そうした名誉毀損者はしばしばウクライナから現れた。彼らは「バンデラ派」のような大戦中の反ソヴィエト民族主義パルチザンの名誉回復を行ったのである。一方、ウクライナは民族の基礎となるような自身の神話を発展させてきたが、それはロシアの神話と激しく食い違った。ウクライナの神話はホロドモール、つまりウクライナ国民に対するジェノサイドとして再解釈された、一九三〇年代初めの飢餓に焦点を当てた。

プーチンはスターリンを国民の創建者として尊敬する人々の一人であった。彼は一九九九年十二月にドゥーマの指導者たちと行った会合で、スターリンの誕生日に乾杯を捧げた。二〇〇〇年に大統領として行った最初の行為の一つは、旧ソ連国歌をロシア国歌として再導入することだった――たしかに歌詞は新しいものであったが、それを書いたのは元々の歌詞の作詞者、セルゲイ・ミハルコフであった。彼は敬愛されているソヴィエト作家で、かつてスターリン賞を三度受賞した。プーチンは初めスターリンのテロルについて多くを語らなかったが、このことは彼の政治的同盟者である正教会にとっての大きな関心事だった。二〇一七年までに、キリル総主教に伴われて、彼は政治的抑圧の犠牲者に捧げられたモスクワの記念碑を除幕し、翌年にはアレクサンドル・ソルジェニーツィン（かつての異論派で一九九四年にロシアに戻っていた）にも同様のことを行い、その際にソ連の「全体主義体制は何百万人という人々に犠牲と大きな苦難をもたらした」と述べた。

スターリンが好きな人はたいていレーニンも好きである――だが、プーチンの祖父とレーニンとの関係にもかかわらず、このことは彼には当てはまらない。二〇一七年、プーチンはロシア革命百周年を大々的に祝う機会を見送った。彼は内戦の流血と一九一八年の皇帝一家全員の、犬まで巻き込んだ処刑をめぐって、レーニンに不満があった。だが、レーニンに対する彼の本当の問題は、レーニンが革命家として、国民の破壊者であったことで、スターリンのように国民の創建者ではないということだった。

スターリンの反対を押し切って、とアマチュア歴史家プーチンは想起するのであるが、レーニンは元々のソ連憲法に対して、共和国に離脱権を与える条項を挿入するよう求めたのだった。「これはわれわれに向けた時限爆弾だった」とプーチンは述べた。フルシチョフも同様の問題、すなわち一九五四年にクリミアをウクライナに移譲したことによって、プーチンの怒りを買った。これにより――プーチンは二〇一四年三月十八日にドゥーマに対して述べた――ロシアは「単に盗まれただけでなく、略奪されたのだ」。

プーチン大統領とキリル総主教。2015年4月24日、モスクワの救世主ハリストス大聖堂のイースター礼拝。

世界中の人々が、多くの悪がなされた国家としてのソ連の消滅を喜んだ。少なくとも社会主義への試みであったとして、悼んだものもわずかにはいたが。だが、多くのロシア人にとっては、それは自分が生まれた国であり、語りは異なるものとなった。後進性から立ち現れたロシアは、二十世紀におけるその座を、奇跡的に光の当たる場所のなかに勝ち取ったのだった。最初は社会主義に向けて世界を導き、ついで超大国となった――そしてそのあと、それらすべてが突然に、世界からの尊敬と皇帝たちから引き継いだ帝国とともに、一切はっきりした理由もないままに、奪い取られたのだった。傷口の上に侮辱を加え、西側は一九九〇年代の短い幕間のあと、冷戦時代に敵対する超大国にそうしてきたのとほとんど同程度の敵意をもって、ロシアを扱い続けた。これはロシア人の目からすれば外国人憎悪の域に達した（「以前は彼らは、われわれが共産主義者だからわれわれを憎むと言っていたが、そのあとわれわれは共産主義者であることをやめたのに、彼らはいまだにわれわれを憎んでいる」）。

将来の復古について、プーチンの警句によるまとめは「ソ連が逝ってしまったことに遺憾の念を感じない者には心がない。その復活を願う者には頭脳がない」というものである。だが、未来に何が起こるか誰が知っていようか？　頭脳を備えた指導者（プーチンのような？）には、「復古」というには足りぬかもしれないが、失われたもののうちの幾分かを取り戻す方法が見えるのかもしれない。どうしてウクライナは、ロシアからの分離によって生じるおびただしい経済的損失と「脱工業化」に苦しむ必要があるだろうか、とプーチンは二〇二〇年のインタビューで思案した。「われわれは同じ民族」であり、いっしょであればもう一度グローバル・プレイヤーになれたというのに〔と彼は言う〕。二〇二二年二月のウクライナ侵攻は、予見しうる未来において、こうした結果が起こることをまったくあり得ないものとしたが、これが無根拠な物思いではなかったことを示した。ソ連の亡霊はソ連それ自体ほどには早く消えてはいかない。それでもなお、レーニンからゴルバチョフに至るまで、ソ連の指導者たちに霊感を与えた、大文字の「歴史」の委任状を手にしているという感覚は、回復できるものではない。プーチンが、マルクス＝レーニン主義を習ったよきソ連市民として、かつて歴史の不可避性を信じていたことはまちがいない。もうそうではない。一九八九年から一九九一年において、不測の事態がもつ抵抗し難い力を痛烈に見せつけられた後では、そうではない。二〇〇〇年のインタビューで彼が述べたように、

沢山のことが、あり得ないこと、信じられないことに見えるんです、ところが——突然！　ソ連に起

こったことをごらんなさい。それがただ単純に崩壊してしまうなどと、誰が想像することができたでしょう?

謝辞

献辞で名を挙げた四名の方々に、会話や議論を通じても、公刊された仕事を通じても、私のソ連史理解に貢献してくれたことに対して、まず感謝申し上げる。一九六〇年代後半にイギリスの交換留学大学院生としてモスクワで過ごした初めのころ、私が師と思って仰いだイーゴリ・サッツは、ソ連に対する私の見方を形成するうえで大きな役割を果たしてくれた。一九七五年から一九八三年まで私が結婚していたジェリー・ハフは、私にソ連の政治について沢山のことを教えてくれるとともに、本書で語られた物語を満たしている経験の多くを私と共有してくれた。セウェリン・バイアラーは一九七〇年代のコロンビア大学の同僚かつ話し相手で、かつてのインサイダーとして、共産主義の諸問題について独特の視点を加えてくれた。スティーヴン・F・コーエンは、私が初めてアメリカ合衆国に行ったとき、ソビエト学論争の同盟者として私に声をかけ、それから彼はそのことを後悔したのだが、当初は批判者かつライバルで、その後、歳月を経たのち、友人となった。

本書の執筆により私は、もっぱらほかの人たちの一次研究を通じて学んだような、ソ連史のいくつかの側面に誘われた。そうした人たちの多くは、一九九〇年代と二〇〇〇年代にシカゴ大学で私の下で博士号を取得した大学院生である。ソ連の諸民族については、以下の方々に多くを負っている。ロナルド・スーニー、ヴェーラ・トルツ＝ジリティンケヴィチ、ユーリー・スリョスキン、マリアンヌ・キャンプ、マシュー・ペイン、テリー・マーティン、マイケル・ウェストレン、アンドルー・スロイン、フローラ・ロバーツ、ミシェーラ・ポール。くわえて『アブ・インペリオ』誌編集者の方々にも、なぜならば彼らのポスト・ソ連的雑誌の全号を通読することは、私が本書を準備するにあたり、刺激的かつ有益な一部であったからである。地方および地方行政については、ヨーラム・ゴルリツキ、ジョナサン・ボーン、ジェームズ・ハリス、ゴルフォ・アレクソポウロス、アラン・バレンバーグ、ジュリア・ファインに負っている。公衆衛生についてはクリストファー・バートン、ベンジャミン・ザジチェク、マイケル・デヴィッドに。戦争とその影響については、ジョシュア・サンボーン、ロジャー・リーズ、ジェオン＝ハー・リー、ナタリー・ベルスキー、マーク・イーデルに。経済については、スティーヴン・ウィートクロフト、オスカー・シボニー＝サンチェス、チャールズ・ハチトン、ジュリー・ヘスラー、キュン・デオク・ロー、クリスティー・アイアンサイドに。

史料を探し出すのを助け、手伝ってくれたことについて、以下の方々に心からのお礼を申し上げます。シカゴ大学スラヴ担当司書である、今は亡きジューン・ファリス、サンドラ・リーヴィー。イースト・ヴュー・プレスのクリス・フランツ。シドニー大学のリーナ・マクローガン。

オーストラリア・カトリック大学の同僚ケイト・フラガーは、歴史をあとの時代から書くことについて論じたことによって、私の物語を一九八〇年に開始するのはどうかと考えるよう、図らずも促してくれた。

本書の原稿あるいはそのかなりの部分を読んで、詳細かつ非常に有益なコメントと批判をくれた、ヴェーラ・トルツ＝ジリティンケヴィチ、グレイム・ギル、クリス・フェイク、ルース・バリントの四人に大いに感謝している。おかげで本書はずっとよいものとなった。カーチャ・ヒースは写真やイラストを探すうえで素晴らしい仕事をしてくれた。

ブラック社のチームは模範的であり、彼ら皆に心から感謝申し上げる――クリス・フェイク（このプロジェクトを最初に提案してくれた）、ケイト・ハッチ、ケイト・ナッシュ、イーリン・サンディフォード、ジュリア・カーロマグノ。

解説　ソ連史研究の第一人者フィッツパトリック

池田嘉郎

シェイラ・フィッツパトリックは現代世界を代表するソ連史研究者である。政治史中心で、共産党による抑圧をもっぱら論じてきた冷戦期欧米のソ連史研究が、社会の側に目を向けるための大きな流れをつくったのが彼女であった。スターリンの工業化によって上昇を遂げた無数の男女がいればこそ、ソ連体制は生命力を得たとする一九七〇年代に彼女が提起した見解は、ソ連史研究の基本認識となった。他方で彼女は決して抑圧を含む政治の諸側面を軽視してきたわけではない。むしろ彼女の研究は、ジェンダーやイメージや監視など、様々な機制を含んで生成される日常生活の政治を総合的にとらえ、そこから党・行政の中級階梯、さらには最高指導部へと視点を上昇させ、ソ連の全体像を描き出してきた。本訳書もまた、フィッツパトリックの長年にわたるそうした研究成果がふんだんに盛り込まれた、最新のソ連通史である。

フィッツパトリックの故郷はオーストラリアである。一九四一年にメルボルンで生まれ、メルボルン大学を卒業した後、イギリスのオックスフォード大学で博士号を取得した。シカゴ大学を始めとするアメリカ合衆国の諸大学に長く籍をおき、二〇一二年に母国に戻った。現在はシドニー大学名誉教授、オーストラリア・カトリック大学教授である。恐ろしく精力的な書き手で、これまでに一三冊の単著を刊行している。彼女の一番の専門は一九二〇年代から三〇年代にかけてのソ連社会史であり、最初の単著*The Commissariat of Enlightenment: Soviet Organization of Education and the Arts under Lunacharsky, 1917-1921*（1970）では初期ソ連の啓蒙政策を分析した。ソ連留学中に初代教育人民委員ルナチャルスキーの秘書サッツの知遇を得たことも幸いし、同書は洞察に富む一冊となった。サッツは本書『ソ連の歴史』の冒頭に献辞がある四人の一人である。

ついで*Education and Social Mobility in the Soviet Union, 1921-1932*（1979）ではソ連の工業化のもとでの労働者の社会的上昇を分析した。この二冊目の単著は、共産党の政策が単なる抑圧ではなくて、中間層や下層の人々に企業幹部などへの昇進という恩恵を与えたのであり、その意味でスターリン体制には「下からの」支持があったということを明らかにした画期的な著作であった。当時のアメリカのソ連史研究においては、共産党支配を監視や抑圧といった強権的な側面のみから見る「全体主義派」が優勢であったが、彼女の研究は体制と住民の間にあった多面的な関係を解明するものであった。そのためフィッツパトリックは「社会史派」、ないし全体主義史観を修正するという意味で「修正主義派」を代表する研究者と呼ばれた（ソ連史研究では「修正主義」という用語は民衆層の視点の重視という「下からの」アプローチを指すものであり、いわゆる「歴史修正主義」とは無関係である）。

その後も精力的に単著を刊行し、ソ連史研究の刷新を進めた。*The Cultural Front: Power and Culture in Revolutionary Russia*（1992）についで刊行した*Stalin's Peasants: Resistance and Survival in the Russian Village after Collectivization*（1994）では農民に対する体制の暴力を正面から取り上げた。また、革命によるロシア社会の構造転換を長期的な時間枠のなかで概観した*The Russian Revolution*（1982）は教科書として定評があり、二〇一七年には第四版が出ている。

「社会史派」という呼び名は誤解を招きやすいが、フィッツパトリックの視点は平坦な日常生活を追うわけではない。むしろ、生活の場における人々の言葉や振舞い、いたるところにあふれるポスター、党・政府の幹部と一般市民との接触など、日々の暮らしにおける政治の実態を明らかにすることに、彼女は大きな注意を割いているのである。*Everyday Stalinism: Ordinary Life in Extraordinary Times: Soviet Russia in the 1930s*（1999）および *Tear off the Masks! Identity and Imposture in Twentieth-Century Russia*（2005）がこの方面での代表作である。

また、フィッツパトリックはソ連の高等政治をも熟知している。*On Stalin's Team: The Years of Living Dangerously in Soviet Politics*（2015）ではスターリンとその同僚であるモロトフやベリヤやミコヤンたちの、緊張と人間らしさに満ちた「チームワーク」を余すところなく描いた。

近年では、*My Father's Daughter: Memories of an Australian Childhood*（2010）、*A Spy in the Archives: A Memoir of Cold War Russia*（2013）、*Mischka's War: A European Odyssey of the 1940s*（2017）といった自伝ないし自身の家族の歴史からソ連史・二〇世紀史に踏み込み、*White Russians, Red Peril: A Cold War History of Migration to Australia*（2021）における移民史研究でも成果を挙げている。

編著も一〇冊を数える。ここで全てを挙げる余裕はないが、M. Geyer との共編になる *Beyond Totalitarianism: Nazism and Stalinism Compared*（2008）は、スターリニズムとナチズムを多方面から比較して、二〇世紀史の理解の深化に貢献した。ナチズムを他の抑圧的な体制と比較することは、その相対化につながるという懸念から、ドイツにおいて忌避する傾向が見られた。ソ連史研究の側にも、スターリニズムをナチズムと並べることは、社会主義体制のもつ民主主義的性格を否定することにつながるのではないかなどの懸念があった。本編著はこれらのタブー的感覚を克服し、かつ「全体主義」という単純化・政治化された括り方を超えることを目指した、意欲的な一巻である。

本訳書の底本は、Sheila Fitzpatrick, *The Shortest History of the Soviet Union*（Victoria: Black Inc., 2022）である。ロシア＝ウクライナ戦争の開始を受けて結論には加筆がほどこされている。今回のこの刊行は、彼女の著書が日本語に訳される最初の機会となる。原著はフィッツパトリックの母国オーストラリアの出版社 Black Inc. が刊行している Shortest History Series の一冊である。「最短の歴史」とはいうものの、本シリーズの内容は濃密で、入門書としては最適といえよう。本書も帝政期ロシアの概観から始めて、革命、内戦、ネップ、スターリン時代、第二次世界大戦、冷戦の開始、スターリン批判、ブレジネフ下の成熟、ペレストロイカとソ連解体というソ連の歩みを包括的に追っている。モスクワあるいはロシアだけではなく諸共和国での展開も押さえられ、文化界の動向も十分に論じられている。実際、最高指導者が文学や映画を好むばかりか個々の作品に口出しし、市民はこぞって本格的文芸誌に熱中するような社会にあっては、文化抜きには政治も分からないのである。諷刺ポスターやアネクドート（政治ジョーク）も効果的に挿入されており、フィッツパトリックの伸び伸びとした筆致とあいまって本書を読みやすいものにしている。

ブレジネフ時代を全体を展望するための足場としているのは、近年の研究動向をよく反映しているといえよう。ゴルバチョフによって「停滞」というレッテルを貼られ、変化に乏しいつまらない時代と考えられてきたブレジネフ時代であるが、人々の暮らしは安定し、教育・医療・社会保障など「社会国家」的サービスをまずまずの水準で提供し得た、ソ連の成熟期なのであった。

全編を通じてジェンダーの側面に注意が払われている点は、本書の大きな特徴といえよう。フィッツパトリックによれば内戦を経た共産党は、革命前と比べて規模が拡大するとともに圧倒的に男性の党となったのだった。このことは、彼ら党員たちが内戦の戦闘経験とその記憶によって結合されていたという点とともに、ソ連の政治文化を考える上で大きな意味をもつ。その後、第二次世界大戦を経て党の大衆化が進むとともに、女性比率も着実に上がっていくという指摘も見落とせないことである。個人のレベルでは、クループスカヤとレーニンの夫妻が人民の啓蒙という関心を分かちもっており、とくに晩年に再起不能となって妻が唯一の話し相手となってからは、この主題がレーニンにとってもつ比重が増したと指摘されている。これはレーニン論としてもクループスカヤ論としても傾聴に値する。なお、ジェンダーについては彼女の多数ある編著のうち、Yuri Slezkine との共編著 *In the Shadow of Revolution: Life Stories of Russian Women from 1917 to the Second World War*（2000）があることを記しておこう。

監訳者である私は、真壁広道氏の手になる訳稿を原著と照合し、修正が望ましいと考えられる箇所は修正した。したがって、誤訳があれば私の責任である。また、フィッツパトリックの叙述において、補足したほうが読者にとってより分かりやすくなるだろうと思われた点は訳注を加えた。小さな箇所について、出版社を通じて著者に照会して、修正したところもある。

それとは別に二点記しておきたい。まず二月革命について。フィッツパトリックは次のように書いている。「彼ら〔軍の高級将校と議会指導者〕は集団で、以下のように決意した。明らかに統治者の役割を喜んでいないニコライに対して、彼自身の退位、それにアレクセイ〔皇太子〕の帝位放棄を求めるべきであり、より強いリーダーシップを発揮することが期待された皇帝の弟に譲位させるべきであると」（二〇頁）。他方、一般的な二月革命研究に従うならば、議会指導者たちはニコライ二世の退位と、皇太子アレクセイへの譲位を求めたのだった。皇帝の弟には摂政になってもらうことが期待されていた。年少の皇太子を君主にしたほうが、権力移行がスムーズにいくと考えられたからである（Tsuyoshi Hasegawa, *The February Revolution, Petrograd, 1917: The End of the Tsarist Regime and the Birth of Dual Power* (Leiden: Brill, 2018), p. 553、和田春樹『ロシア革命——ペトログラード　一九一七年二月』（作品社、二〇一八年）、四四二頁、池田嘉郎『ロシア革命　破局の8か月』（岩波新書、二〇一七年）、三六－三八頁）。

次に、独ソ戦の開始時におけるスターリンの動静について。フィッツパトリックは「侵入が行われたあとの一週間、スターリンはモスクワ郊外の別荘に独り引きこもり、完全に気力を失って電話にも出なかった」と書いている（一〇〇頁）。この点について、スターリン執務室の応接記録によれば、一九四一年六月二二日の開戦から二八日までは、毎日昼夜を分かたず党・軍幹部がスターリンのもとに出入りしていたことが記録されている。訪問者の記録がないのは二九日と三〇日の二日間である（На приеме у Сталина. Тетради (журналы) записей лиц, принятых И. В. Сталиным (1924-1953 гг.). Изд. 2-е, перераб. и допол. (М.: Новый хронограф, 2010. С. 337-341)。フィッツパトリック自身、*On Stalin's Team* の一五二頁では「最初の破滅的な一週間の後、彼は別荘に姿を隠した（六月二九－三〇日）」と記しており、歴史的事実としてはこちらの叙述を優先すべきであろう。

フィッツパトリックの仕事についてこれまで日本語で書かれた紹介としては、まず和田春樹「アメリカのロシア・ソ連史研究」、『近代ロシア史研究の新しい波』（〔和田春樹〕、一九八三年）所収を挙げたい（私家版だが国会図書館デジタルコレクションで読める）。これはアメリカ・スラヴ学会の参加記で、全体主義派を批判して研究の地平を刷新しつつあった彼女の姿が活写されている。ついで、塩川伸明『終焉の中のソ連史』（朝日新聞社、一九九三年）に収録されている「スターリン時代の社会史をめぐる最近の論争」も、フィッツパトリックの研究史上の位置を丁寧に論じている。

また、フィッツパトリックの薫陶を受けた日本の研究者として、中地美枝がいることを記しておきたい。フィッツパトリックに捧げられた論文集 G. Alexopoulos et al (eds.), *Writing the Stalin Era: Sheila Fitzpatrick and Soviet Historiography*（2011）にも、中地は論文 Gender, Marriage, and Reproduction in the Postwar Soviet Union を寄せている。

フィッツパトリックの仕事は多岐にわたり、この小文ではとても紹介しきることができない。初期のものも含めて、その内容は新鮮さを保ち続けている。ぜひ多くの読者に、彼女の研究についていっそう多くのことを知ってもらいたい。本書はソ連史を学ぶためにはもちろんのこと、フィッツパトリックの広大な学問世界に親しむためにも、格好の入門書となるであろう。

Exchange, Cambridge University Press, Cambridge, 1998.

Millar, James R., 'The Little Deal: Brezhnev's Contribution to Acquisitive Socialism', *Slavic Review*, vol. 44, no. 2, 1985, pp. 694–706.

Schattenberg, Susanne, *Brezhnev: The Making of a Stateman*, I.B. Tauris, London, 2021.

Smith, Hedrick, *The Russians,* Ballantine Books, New York, 1976.

Yurchak, Alexei, *Everything Was Forever, Until It Was No More: The Last Soviet Generation*, Princeton University Press, Princeton, 2006. [『最後のソ連世代─ブレジネフからペレストロイカまで』、半谷史郎訳、みすず書房]

第七章

Gill, Graeme J. and Roger D. Markwick, *Russia's Still-Born Democracy? From Gorbachev to Yeltsin*, Oxford University Press, Oxford, 2000.

Hough, Jerry F., *Democratization and Revolution in the USSR, 1985–1991*, Brookings Institution Press, Washington, DC, 1997.

Pesman, Dale, *Russia and Soul: An Exploration*, Cornell University Press, Ithaca, 2000.

Ries, Nancy, *Russian Talk: Culture and Conversation during Perestroika*, Cornell University Press, Ithaca, 1997.

Taubman, William, *Gorbachev: His Life and Times*, Simon & Schuster, New York, 2017. [『ゴルバチョフ─その人生と時代』上下、松山芳彦訳、白水社]

White, Stephen, *Gorbachev and After*, Cambridge University Press, Cambridge, 1992.

結　論

Derluguian, Georgi M., *Bourdieu's Secret Admirer in the Caucasus: A World System Biography*, University of Chicago Press, Chicago, 2005.

Fitzpatrick, Sheila, 'Becoming Post-Soviet', in Sheila Fitzpatrick, *Tear Off the Masks! Identity and Imposture in Twentieth-Century Russia*, Princeton University Press, Princeton, 2005.

Myers, Steven Lee, *The New Tsar: The Rise and Reign of Vladimir Putin*, Alfred A. Knopf, New York, 2015.

Pelevin, Viktor, *Homo Zapiens*, trans. Andrew Bromfield, Penguin, New York, 2006. [『ジェネレーション〈P〉』、東海晃久訳、河出書房新社]

Putin, Vladimir, Nataliya Gevorkyan, Natalya Timakova and Andrei Kolesnikov, *First Person: An Astonishingly Frank Self-Portrait by Russia's President,* trans. Catherine A. Fitzpatrick, Public Affairs, New York, 2000. [『プーチン、自らを語る』、高橋則明訳、扶桑社]

1939–1946', in Mark Edele, Sheila Fitzpatrick and Atina Grossmann (eds), *Shelter from the Holocaust: Rethinking Jewish Survival in the Soviet Union*, Wayne State University Press, Detroit, 2017.

Gorlizki, Yoram and Oleg Khlevniuk, *Cold Peace: Stalin and the Ruling Circle,1945–1953*, Oxford University Press, Oxford, 2004.

Hessler, Julie, 'A Postwar Perestroika? Toward a History of Private Enterprise in the USSR', *Slavic Review*, vol. 57, no. 3, 1998, pp. 516–42.

Khrushchev, Nikita, *Khrushchev Remembers*, ed. and trans. Strobe Talbott, Little Brown, Boston, 1970. [『フルシチョフ回想録』、タイムライフブックス編集部訳、タイムライフ社]

Overy, Richard, *Russia's War: A History of the Soviet War Effort, 1941–1945*, Penguin, London, 1998.

Zubkova, Elena, *Russia after the War: Hopes, Illusions, and Disappointments*, ed. and trans. Hugh Ragsdale, M.E. Sharpe, Armonk, 1998.

Zubok, Vladislav, *Zhivago's Children: The Last Russian Intelligentsia*, Harvard University Press, Cambridge, MA, 2009.

第五章

Bialer, Seweryn, *Stalin's Successors: Leadership, Stability, and Change in the Soviet Union*, Cambridge University Press, Cambridge, 1980.

Crankshaw, Edward, *Khrushchev's Russia*, Penguin, Harmondsworth, 1959.

Fitzpatrick, Sheila, 'Popular Sedition in the Post-Stalin Soviet Union', in Vladimir A. Kozlov, Sheila Fitzpatrick and Sergei V. Mironenko (eds), *Sedition: Everyday Resistance in the Soviet Union under Khrushchev and Brezhnev*, Yale University Press, New Haven, 2011.

Kozlov, Denis and Eleonory Gilburd (eds), *The Thaw: Soviet Society and Culture during the 1950s and 1960s*, University of Toronto Press, Toronto, 2013.

Ryan, Michael (comp.), *Contemporary Soviet Society. A Statistical Handbook*, Edward Elgar, Brookfield, 1990.

Taubman, William, *Khrushchev: The Man and His Era*, W.W. Norton, New York, 2003.

Zubok, Vladislav and Constantine Pleshakov, *Inside the Kremlin's Cold War: From Stalin to Khrushchev*, Harvard University Press, Cambridge, MA, 1996.

第六章

Fitzpatrick, Sheila, *A Spy in the Archives*, Melbourne University Press, Melbourne, 2013.

Ledeneva, Alena V., *Russia's Economy of Favours: Blat, Networking and Informal*

Service, Robert, *Lenin: A Biography*, Harvard University Press, Cambridge, MA, 2000.

第三章

Conquest, Robert, *The Great Terror: Stalin's Purge of the Thirties*, Macmillan, London, 1968.［『スターリンの恐怖政治』上下、片山さとし訳、三一書房］

Edele, Mark, *Stalinist Society, 1928–1953*, Oxford University Press, Oxford, 2011.

Fitzpatrick, Sheila (ed.), *Cultural Revolution in Russia, 1928–1931*, Indiana University Press, Bloomington, 1978.

Fitzpatrick, Sheila, *Stalin's Peasants: Resistance and Survival in the Russian Village after Collectivization*, Oxford University Press, New York, 1994.

Fitzpatrick, Sheila, *Everyday Stalinism: Ordinary Life in Extraordinary Times: Soviet Russia in the 1930s*, Oxford University Press, New York, 1999.

Getty, J. Arch and Oleg V. Naumov, *The Road to Terror: Stalin and the Self-Destruction of the Bolsheviks, 1932–1939*, Yale University Press, New Haven, 1999.［『ソ連極秘資料集　大粛清への道――スターリンとボリシェヴィキの自壊 1932-1939年』、川上洸ほか訳、大月書店］

Kotkin, Stephen, *Magnetic Mountain. Stalinism as a Civilization*, University of California Press, Berkeley, 1995.

Kotkin, Stephen, *Stalin, Vol. II, Waiting for Hitler*, Allen Lane, New York, 2017.

Solzhenitsyn, Aleksandr I., *The Gulag Archipelago, 1918–1956*, trans. Thomas P. Whitney, Harper & Row, New York, 1973.［『収容所群島―1918–1956 文学的考察』全4巻、木村浩訳、新潮社］

Viola, Lynne, *The Unknown Gulag: The Lost World of Stalin's Special Settlements*, Oxford University Press, New York, 2007.

第四章

Alexopoulos, Golfo, 'Portrait of a Con Artist as a Soviet Man', *Slavic Review*, vol. 57, no. 4, 1998.

Bialer, Seweryn, *Stalin and His Generals: Soviet Military Memoirs of World War II*, Westview Press, Boulder, 1984.

Dunham, Vera S., *In Stalin's Time: Middle-Class Values in Soviet Fiction*, Cambridge University Press, Cambridge, 1976.

Fitzpatrick, Sheila, *On Stalin's Team: The Years of Living Dangerously in Soviet Politics*, Princeton University Press, Princeton, 2015 (see especially Chapter 9 on post-Stalin 'collective leadership').

Fitzpatrick, Sheila, 'Annexation, Evacuation and Antisemitism in the Soviet Union,

Slezkine, Yuri, *The Jewish Century*, Princeton University Press, Princeton, 2011.
Suny, Ronald Grigor, *The Soviet Experiment: Russia, the USSR, and the Successor States*, Oxford University Press, New York, 2011.

序 章

Bialer, Seweryn, *Stalin's Successors: Leadership, Stability, and Change in the Soviet Union,* Cambridge University Press, Cambridge, 1980.
Cohen, Stephen F., Alexander Rabinowitch and Robert S. Sharlet（eds）, *The Soviet Union since Stalin*, Macmillan, London, 1980.
Verdery, Katherine, *What Was Socialism, and What Comes Next?*, Princeton University Press, Princeton, 1996.

第一章

Henderson, Robert, *The Spark That Lit the Revolution: Lenin in London and the Politics That Changed the World*, I.B. Tauris, London, 2020.
Pipes, Richard, *Russia under the Old Regime*, Penguin, Harmondsworth, 1977.
Solzhenitsyn, Alexander, *Lenin in Zurich*, trans. H.T. Willetts, Penguin, Harmondsworth, 1976.
Sukhanov, N.N.（ed.）, *The Russian Revolution, 1917: Eyewitness Account*, abr. Joel Carmichael, Harper, New York, 1962.

第二章

Cohen, Stephen F., *Bukharin and the Bolshevik Revolution: A Political Biography, 1888–1938*, Alfred A. Knopf, New York, 1973.
Daniels, Robert V., *The Conscience of the Revolution: Communist Opposition in Soviet Russia*, Simon & Schuster, New York, 1960.
Fitzpatrick, Sheila, *Education and Social Mobility in the Soviet Union, 1921–1934*, Cambridge University Press, Cambridge, 1979.
Fitzpatrick, Sheila, *The Cultural Front: Power and Culture in Revolutionary Russia*, Cornell University Press, Ithaca, 1992.
Kotkin, Stephen, *Stalin, Vol. I, Paradoxes of Power, 1878–1928*, Allen Lane, New York, 2014.
Martin, Terry, *The Affirmative Action Empire: Nations and Nationalism in the Soviet Union, 1923–1939*, Cornell University Press, Ithaca, 2001.
Rigby, T.H., *Lenin's Government: Sovnarkom 1917–1922*, Cambridge University Press, Cambridge, 1979.

さらなる読書のために

包括的な文献一覧としてではなく、私自身のものも含む、本書執筆に際して大いに依拠した諸研究の案内として挙げておく。

一般

Davies, R.W., Mark Harrison and S.G. Wheatcroft, *The Economic Transformation of the Soviet Union, 1913–1945*, Cambridge University Press, Cambridge, 1994.

Fitzpatrick, Sheila, *On Stalin's Team: The Years of Living Dangerously in Soviet Politics*, Princeton University Press, Princeton, 2015.

Fitzpatrick, Sheila, *The Russian Revolution*, 4th edition, Oxford University Press, Oxford, 2017.

Gorlizki, Yoram and Oleg Khlevniuk, *Substate Dictatorships: Networks, Loyalty, and Institutional Change in the Soviet Union*, Yale University Press, New Haven, 2020.

Hanson, Philip, *The Rise and Fall of the Soviet Economy: An Economic History of the USSR, 1945–1991*, Routledge, London, 2014.

Hough, Jerry F. and Merle Fainsod, *How the Soviet Union Is Governed*, Harvard University Press, Cambridge, MA, 1982.

Lovell, Stephen, *The Shadow of War: Russia and the USSR, 1941 to the Present,* Wiley-Blackwell, Chichester, 2010.

Nove, Alec, *An Economic History of the USSR, 1917–1991*, 3rd edition, Penguin, London, 1992.

Rigby, T.H., *Communist Party Membership in the USSR, 1917–1967*, Princeton University Press, Princeton, 1968.

Siegelbaum, Lewis H. and Leslie Page Moch, *Broad Is My Native Land: Repertoires and Regimes of Migration in Russia's Twentieth Century*, Cornell University Press, Ithaca, 2014.

Simon, Gerhard, *Nationalism and Policy toward the Nationalities in the Soviet Union*, trans. Karen Forster and Oswald Forster, Westview Press, Boulder, 1991.

Slezkine, Yuri, 'The Soviet Union as a Communal Apartment', Slavic Review, vol. 53, no. 2, 1994, republished in Sheila Fitzpatrick（ed.）, *Stalinism: New Directions*, Routledge, London and New York, 2000.

p. 112 「スターリン，ポツダム会議で」AF Archive / Alamy
p. 113 「地図　ソ連と東ヨーロッパ　1945 年」Alan Laver
p. 134 「モスクワの新しい住宅。1963 年」Courtesy of Sputnik
p. 138 「フルシチョフ靴で叩く」Alamy
p. 143 「フルシチョフ　芸術展で」TASS / Getty
p. 145 「フルシチョフの墓」Sputnik / Alamy
p. 147 「レオニード・ブレジネフ　1972 年」Fotograaf Onbekend / Anefo / Nationaal Archief
p. 150 「ウォッカのスペシャリスト」ポスター　著者の個人コレクション
p. 153 「誰が誰を叩くのか？」K. Nevler and M. Ushats, *Krokodil*, no. 11, 1979
p. 158 「ゲオルギー・アルバトフとセウェリン・バイアラー」写真　著者の個人コレクション
p. 161 「諸民族の友好」Iu. Cherepanov, *Krokodil*, no. 3, 1979
p. 170 「ヴァグリチ・バフチャニアンの像」写真　著者の個人コレクション
p. 174 「フョードル・ブルラツキーとジェリー・ハフ」 写真　著者の個人コレクション
p. 177 「お客様。アメリカのビッグマックはいかがでございますか？」V. Polukhin, *Krokodil*, no. 8, 1991
p. 183 「ソ連共産党に栄光あれ」Iu. Cherepanov, *Krokodil*, no. 11, 1990
p. 186 「ゴルバチョフとレーガン　ジュネーヴで」Everett Collection Inc. / Alamy
p. 188 「チェルノブイリ　2019 年」Philipp Zechner / Alamy
p. 195 「ボリス・エリツィンの演説」Associated Press
p. 196 「ゴルバチョフ一家」Yuri Lizunov, ITAR-TASS News Agency / Alamy
p. 198 「ジェルジンスキーの像」Alexander Zemlianichenko, Associated Press
p. 203 「地図　ロシア連邦と周囲の国々　2014 年」Alan Laver
p. 209 「レーニン像」Yi Liao / Alamy
p. 212 「サパルムラト・ニヤゾフ」Sputnik / Alamy
p. 217 「引退したミハイル・ゴルバチョフ　2014 年」写真　カトリーナ・ヴァンデン・ウーヴェルの個人コレクション
p. 219 「プーチンとキリル」UPI / Alamy

図版のリスト

ヤ 行

ラ 行

ワ 行

ハ　行

ナ行

タ　行

サ　行

事項索引

ヤ　行

ラ　行

ナ　行

ハ　行

マ　行

サ　行

タ　行

人名索引

著者

シェイラ・フィッツパトリック（SHEILA FITZPATRICK）

1941年生まれ。シカゴ大学歴史学部名誉教授、オーストラリア・カトリック大学教授。専門は、ロシア・ソ連史。
著書には多くの受賞に輝いたThe Russian Revolution (1982), Everyday Stalinism (1999) ほかMischka's War (2017), On Stalin's Team (2015) や White Russians, Red Peril (2021) などがある。London Review of Booksの定期寄稿者でもある。

監訳者

池田嘉郎（いけだ・よしろう）

1971年生まれ。東京大学大学院人文社会系研究科教授。東京大学大学院人文社会系研究科博士（文学）。専門は近現代ロシア史。主著に『革命ロシアの共和国とネイション』（山川出版社、2007年）、『ロシア革命　破局の8か月』（岩波書店、2017年）など。訳書にアンドレイ・プラトーノフ『幸福なモスクワ』（白水社、2023年）などがある。

訳者

真壁広道（まかべ・ひろみち）

1957年生まれ。1981年一橋大学社会学部卒業。翻訳家。
訳書にA.J.P. テイラー『トラブルメーカーズ』（法政大学出版局、2002年）など。

JIMBUN SHOIN Printed in Japan
ISBN978-4-409-51099-5 C1022

ソ連の歴史

二〇二三年一一月二〇日　初版第一刷印刷
二〇二三年一一月三〇日　初版第一刷発行

著　者　シェイラ・フィッツパトリック
監訳者　池田嘉郎
訳　者　真壁広道
発行者　渡辺博史
発行所　人文書院
〒六一二-八四四七
京都市伏見区竹田西内畑町九
電話〇七五（六〇三）一三四四
振替〇一〇〇〇-八-一一〇三

装丁　文図案室　中島佳那子
印刷・製本　モリモト印刷株式会社

乱丁・落丁本は送料小社負担にてお取替いたします。

http://www.jimbunshoin.co.jp/